- 最前沿的思想
- 最有效的路径
- 最创新的实践
- 最有趣的写作

小学语文写作力提升的新路径

项目化在习作中的探索实践

王朝辉　宋瑞　李桂兰◎著

哈尔滨出版社
HARBIN PUBLISHING HOUSE

图书在版编目（CIP）数据

小学语文写作力提升的新路径：项目化在习作中的探索实践 / 王朝辉，宋瑞，李桂兰著. -- 哈尔滨：哈尔滨出版社，2024.4

ISBN 978-7-5484-7879-9

Ⅰ.①小… Ⅱ.①王… ②宋… ③李… Ⅲ.①小学语文课—教学研究 Ⅳ.① G623.202

中国国家版本馆 CIP 数据核字（2024）第 091131 号

| 书　　名： | 小学语文写作力提升的新路径：项目化在习作中的探索实践 |

XIAOXUE YUWEN XIEZUOLI TISHENG DE XIN LUJING : XIANGMUHUA ZAI XIZUO ZHONG DE TANSUO SHIJIAN

作　　者：王朝辉　宋瑞　李桂兰　著
责任编辑：韩伟锋
封面设计：智诚源创

出版发行：哈尔滨出版社（Harbin Publishing House）
社　　址：哈尔滨市香坊区泰山路82-9号　　邮编：150090
经　　销：全国新华书店
印　　刷：武汉颜沫印刷有限公司
网　　址：www.hrbcbs.com
E-mail：hrbcbs@yeah.net
编辑版权热线：（0451）87900271　87900272

开　　本：710mm×1000mm　1/16　　印张：12.5　　字数：220千字
版　　次：2024年4月第1版
印　　次：2024年4月第1次印刷
书　　号：ISBN 978-7-5484-7879-9
定　　价：70.00元

凡购本社图书发现印装错误，请与本社印制部联系调换。
服务热线：（0451）87900279

前 言
PREFACE

在当今的教育环境中,项目化学习已经成为一种越来越受欢迎的教学方法。这种教学方法鼓励学生通过实践和合作,将理论知识应用到实际情境中。在这种背景下,写作教学也发生了变化,从传统的教师讲授、学生写作的方式,转变为项目化学习的方式,更加注重学生的主动性和创造性。本书将探讨项目化学习下的写作教学,以及其对学生、教师和学校的影响。项目化学习是一种以问题解决为导向的教学方法,它鼓励学生通过合作、实践和反思,将知识应用于实际情境中。这种教学方法的特点包括以学生为中心、注重实践、强调合作、关注过程和成果展示等。这些特点使得项目化学习成为一种有效的写作教学方法,能够帮助学生提高写作技能和思维能力。

项目化学习下的写作教学,要求教师将写作技巧融入实际项目中,让学生在实践中学习写作,给教学带来了新的挑战,包括如何选择合适的项目、如何引导学生讨论和思考以及如何评价学生的作品等。 然而,这些挑战也带来了机遇,因为项目化学习有助于激发学生的学习兴趣和动力,培养他们的团队协作和沟通能力。

项目化学习可以帮助学生更好地理解和应用写作技巧。通过项目的设计和实施,学生可以在实践中掌握写作的技巧和方法,包括如何组织思路、如何运用语言和如何表达情感等。此外,项目化学习还可以帮助学生理解写作的目的和意义,如传达信息、表达观点、促进交流等。这些理解将有助于学生更好地运用写作技巧，提高他们的写作水平。

项目化学习下的写作教学可以培养学生的批判性思维和创新能力。在项目的实施过程中，学生需要面对各种问题和挑战，需要运用批判性思维分析问题、解决问题。同时，学生还需要在团队中协作和交流，共同寻找解决方案。这种经历有助于培养学生的批判性思维和沟通能力，提高他们的团队协作能力。项目化学习还可以鼓励学生创新，激发他们的创造力和想象力，让他们在写作中表现出更多的个性和创意。此外，建立有效的反馈机制也是项目化学习的重要一环，它可以帮助学生及时发现问题和不足，从而提高他们的写作能力。

项目化学习下的写作教学具有重要意义。因此，我们应该积极推广项目化学习下的写作教学，为学生创造更好的学习和成长环境。鉴于此，本书围绕"项目化学习下的写作教学"这一主题，由浅入深地阐述了项目化学习的内涵、内容、流程、评价方式，系统地论述了语文写话、习作教学的目标、内容与教学建议，诠释了项目化学习应用于写作教学的理论基础及价值，深入探究了习作教学中项目的设计以及项目化学习在写作教学中的实施，以期为读者理解与践行项目化下的写作教学提供有价值的参考和借鉴。本书内容翔实、条理清晰、逻辑合理，在写作的过程中注重理论与实践的有机结合，适用于语文教育研究者，也适用于工作在一线的语文教师。

著 者
2024 年 3 月于深圳

目 录
CONTENTS

第一章　项目化学习综述 1

　第一节　项目化学习的内涵 2
　第二节　项目化学习的内容 26
　第三节　项目化学习的流程 42
　第四节　项目化学习的评价方式 59

第二章　语文写话、习作教学 75

　第一节　写话教学目标和教学内容 76
　第二节　习作教学目标和教学内容 80
　第三节　语文写话、习作教学建议 88

第三章　项目化学习应用于写作教学的理论基础及价值 101

　第一节　项目化学习应用于写作教学的理论基础 102
　第二节　项目化学习应用于写作教学的可行性 113
　第三节　项目化学习应用于写作教学的应用价值 116

第四章　写作教学中项目的设计 119

　第一节　写作项目设计的原则 120
　第二节　写作项目设计的方法 126

第三节 写作项目设计的要素 133
第四节 写作项目设计的流程 144

第五章 项目化学习在写作教学中的实施 161

第一节 项目化写作教学的流程 162
第二节 项目化写作教学的指导策略 167
第三节 项目化写作教学的评价 173

结束语 186

参考文献 188

第一章

项目化学习综述

第一节　项目化学习的内涵

一、定义

我们课题组对"项目化学习"的界定：以语文学科为立足点，对小学语文统编教材里的内容进行整合、创新，形成项目化学习内容，学生在完成语文学习的一系列任务和活动中，发展听、说、读、写等能力，在此基础上，以学生小组合作方式呈现项目化学习成果的一种语文学习方式。

二、分类

课题组按照项目化学习所覆盖的知识范围的大小，将项目化学习划分成不同的课程样态，从小到大分别为：

（一）微项目化学习

在课堂中为学生提供 15～20 分钟的探索性项目任务，或者在课外用类似实践作业的形式对某个内容或主题进行探索。

李翠霞老师在 2019 年 5 月执教的《千年梦圆在今朝》一课就是一个微项目化学习的典型课例。在教学中，她把设计的重点放在"中国航天人、千年飞天梦"的拓展性学习上。以"你对中国的航天人和航天梦有着怎样的了解和认识"这个驱动性问题和六个学习任务，引领学生对中国千年的航天梦和中国航天人所付出的艰辛进行深入的学习和探索。

2021 年 4 月，高秀云老师执教的一年级下册《识字加油站》，是根据语文园地中的"识字加油站"这个任务来设计的。"识字加油站"这个环节，在教学时一般就是把词语读一读、认一认，但是，高老师上这一课时，她把这个环节进行了细化和深化，围绕"身体部位"这个点进行深入设计，利用现代化的教学手段，把《识字加油站》这节课上得有声有色，让学生对自己的身体部位有了更深入的认识和了解，是一个很好的微项目化学习课例。

还有四年级上册第12课《盘古开天地》的课后选做题"课后收集中国的神话故事读一读，然后讲给同学听"和这一单元的"快乐读书吧"，都是围绕读神话故事这一主题展开的。在实际的教学中，完全可以把这两个内容进行整合，结合项目化学习，把它做细、做扎实。教师在教学这一单元时应该有单元的整体意识，做到把握教材的前后联系，可以课前或课后布置学生读中国神话故事，然后在课堂上利用15～20分钟，让学生讲讲自己读的神话故事。学生可以谈自己读神话故事后的收获或感受，可以配乐声情并茂地朗读自己印象深刻的句子或段落，还可以介绍让自己最感动或印象最深刻的人物形象等。表现的形式可以让学生自己选择，尽可能做到形式多样。这样将教学资源整合和挖掘，就形成以教材为依托的属于我们课题组的项目化学习的课例了。学生在课外对神话故事内容和主题进行探索，用课内的时间进行汇报交流，再构语言，超越文本，用不同的表达形式汇报学习成果，既完成了语文教材要求的任务，又拓展了学习的深度和广度，一举两得。所以，教师平时要做一个有心人，寻找、挖掘教材中这样的例子，为语文教学所用。

（二）浅项目化学习

夏雪梅博士对于浅项目化学习是这样说的：缺少一些关键要素，要么目标不明确，要么没有指向核心知识，要么探究性不够，对这样的浅项目化学习还是应该持一种更加包容的心态。教师和学校希望丰富学生的学习方式，这都是值得鼓励的。目前，我们一些老师开展的综合性学习、主题式学习都属于课题组所界定的浅项目化学习的范畴。浅项目化学习可以通过提炼概念、明晰目标、补充完善驱动性问题、提升思维层级等方法成为更有深度和更有质量的项目化学习，同样可以为学习素养的培育奠定基础。

（三）项目化学习

对于项目化学习，我们不妨先看看夏雪梅博士书中的一个案例："夏天来了，学生发现许多植物要被太阳晒死了，怎么办？师生一起做遮阳棚。"

这个案例中出现了真实的问题情境，但是从这个问题出发，学生没有思考和探索的过程，大量的时间只是用来做遮阳棚。这样的技能和成果导向的学习并不指向素养，也不是项目化学习的应有之义。在发展学生综合素养的视角下，教师应引导孩子在真实世界与抽象思维之间建立关联，进而实现深入的思考和学习。

从项目化学习的角度可以这样做：

（1）对现象做再观察。针对上面这个案例，教师首先要引导儿童对现象做再观察：植物真的要被晒死了吗？许多时候，儿童是基于粗糙的观察得出了植物要被晒死的结论，教师这时要引导儿童进行仔细观察。

（2）对事物做再区分。儿童要对事物进行再区分：是所有花草都被晒死了，还是有的可能被晒黄了，有的可能被晒蔫了，有的真的奄奄一息了。

（3）寻找现象背后的原因。再进一步，儿童要寻找现象背后的原因：那些容易被晒死或者还精神的植物有什么特点？为什么怕或者不怕太阳暴晒？在这个现象背后，隐藏的是植物与太阳或植物与生存环境之间的核心知识，而项目化改变了知识的组织方式。

（4）提出可能的解决方案，进行决策分析。这时儿童可以进一步探索，对于那些容易被太阳晒伤的植物，有哪几种不同的解决方案，是不是只能做遮阳棚？对于不同的解决方案，怎样进行决策分析？

（5）验证自己的方案。项目化学习本质上是对学生的格局观、策略性知识的观照，学生要验证自己的方案。比如在上述案例中，师生最后采用了遮阳棚的方法，此后还应让学生验证这种解决方案是否有效，那些容易被晒死的植物是否因此生长得更好了。

学习到这里就结束了吗？素养导向的项目化学习还有一步——迁移。教师要关注学生的这种思维方式是否可以迁移到其他情境中。学生不可能通过一次实践就完成迁移，需要在类似情境中进行复盘，再思考、再建构，再次与同伴分享到底怎样解决这个问题。只有经过这一系列过程，才能说是素养导向下的项目化学习。

如果要做一个概念界定的话，素养视角下的项目化学习是学生在一段时间内通过对真实有挑战性的问题进行持续探究，达到对核心知识的再建构和思维迁移。

基于以上分析，素养视角下的项目化学习应具有五个特征：一是指向个人价值和社会价值的结合；二是指向核心知识的再建构和思维的迁移；三是指向真实而有挑战性的问题，用高阶学习驱动低阶学习；四是有持续的探究和实践；五是有凝结核心知识的、指向驱动性问题解决的公开成果。

三、基于智慧课堂的项目化学习

（一）概念界定

1. 智慧课堂

对智慧课堂的概念有两种视角的理解：一种是从教育视角提出的，新的课程理念认为，课堂教学不是简单的知识传授或学习的过程，而是师生情感与智慧综合生成的过程，智慧课堂的根本任务是"开发学生的智慧"，这里"智慧课堂"的概念是相对于"知识课堂"而言的；另一种是从信息化视角提出的，指利用先进的信息技术手段实现课堂教学的信息化、智能化，构建富有智慧的教学环境，这里的"智慧课堂"概念是相对于使用传统教学手段的"传统课堂"而言的。

本课题所使用的概念是侧重于后一种视角而提出的。从信息化视角建立"智慧课堂"的概念，使用先进的信息技术实现教育手段的智能化，使课堂教学环境富有智慧，进而实现教育教学的智慧化。

2. 小学语文项目化学习

与传统的以教师为中心的教学模式不同，项目化学习教学模式是以学生为主体的教学方法。项目化学习教学法是一种让学生经过一段时期的调研、探究，致力于用创新的方法或方案，解决一个复杂的问题、困难或者挑战，从而在这些真实的经历和体验中习得新知识和获取新技能的教学方法。

（二）研究目标

运用现代化的教学设备充实课堂，启迪小学生的多种思维和智慧。在小学语文项目化学习任务完成过程中，使用先进的信息技术，实现教育手段的智能化，使课堂教学更加富有智慧。学生在学习文本的基础上，再构语言，超越文本，用智能化的教学手段，充分调动学生自主探究的积极性，丰富学习的内容和成果的汇报形式，让学习语文基础知识与基本技能的过程同时成为学会学习和形成可持续发展的过程。

（三）研究内容

课题组根据对项目化学习的概念界定和教学的目标，利用统编教材，确立了小学语文的教学研究内容：

（1）确定小学语文统编教材项目化学习项目主题。

（2）基于智慧课堂的小学语文统编教材项目化学习活动方案的设计。

（3）基于智慧课堂的小学语文统编教材项目化学习的典型课例。

（4）基于智慧课堂的小学语文统编教材项目化学习的评价。

（5）基于智慧课堂的小学语文统编教材项目化学习的策略。

四、项目化学习与综合性学习、主题式学习的联系和区别

（一）项目化学习与综合性学习的联系与区别

1. 小学语文综合性学习的概念

小学语文综合性学习是近年来在语文课程中兴起的一种新型学习方式，它不再局限于传统的课堂讲授，而是将语文与其他学科融合，鼓励学生通过实践活动，进行探究性学习，以提高他们的综合素质。这种学习方式注重培养学生的创新精神、实践能力以及人际交往能力。

2. 小学语文综合性学习的特点

（1）跨学科性

小学语文综合性学习突破了传统语文学科的界限，将其他学科的知识和技能融入语文学习中，使学生能够在一种更综合、更全面的环境中学习。这种跨学科性有助于培养学生的综合素质，增强他们的创新能力。

（2）实践性

小学语文综合性学习强调学生的实践活动，鼓励学生通过亲身参与、动手操作获取知识。这种实践性学习方式有助于培养学生的动手能力和解决问题的能力，同时也有助于提高他们的学习兴趣和自信心。

（3）自主性

小学语文综合性学习强调学生的自主性，鼓励学生根据自己的兴趣和爱好选择学习内容，自主设计学习方案。这种自主性有助于培养学生的主动性和创造性，激发他们的学习热情。

（4）体验性

小学语文综合性学习注重学生的体验，鼓励学生通过亲身经历和感受获取知识。这种体验性学习方式有助于加深学生对知识的理解和记忆，同时也有助于培养他们的情感态度和价值观。

（5）开放性

小学语文综合性学习具有开放性，它鼓励学生从不同的角度思考问题，寻找不同的解决方案。这种开放性有助于培养学生的创新精神和批判性思维，提高他们的综合素质。

小学语文综合性学习是一种新型的学习方式，它具有跨学科性、实践性、自主性、体验性和开放性等特点。通过这种学习方式，学生可以在一种更综合、更全面的环境中学习，提高他们的综合素质，培养他们的创新精神和实践能力。

3. 小学语文综合性学习的优势

在当今的教育环境中，小学语文综合性学习以其独特的优势，正逐渐成为教育领域中的一股新力量。这种学习方式强调学生通过实践、体验和互动来学习，它不仅提升了学生的知识水平，也培养了他们的创新能力和团队合作精神。

（1）激发学习兴趣

传统的小学语文教学方式往往侧重于知识的灌输，而忽略了学生的学习兴趣和需求。然而，小学语文综合性学习却能有效地激发学生的学习兴趣。它通过设计各种有趣的活动和项目，让学生能够参与到学习过程中，感受到学习的乐趣。这样的学习方式有助于增强学生的学习动力，提高他们的学习积极性。

（2）增强实践能力和创新精神

小学语文综合性学习注重实践和体验，鼓励学生通过动手操作、亲身体验理解和掌握知识。这种方式可以帮助学生更好地理解和记忆所学的内容，同时也能培养他们的创新精神和解决问题的能力。在项目制学习中，学生需要寻找信息、组织材料、解决问题，这些过程都需要他们运用创新思维，从而有效地培养了他们的创新能力和实践能力。

（3）培养团队合作精神

在综合性学习中，许多活动都需要学生之间的合作才能完成。通过这些活动，学生可以学习如何与他人合作，如何倾听他人的意见，如何协调不同观点，从而培养他们的团队合作精神和社交能力。这种能力在未来的生活和工作中都是非常重要的。

（4）提升综合素质

小学语文综合性学习不仅关注知识的传授，更注重学生综合素质的培养。通过实践活动，学生可以锻炼自己的沟通技巧、组织能力、问题解决能力等，这些能力将在未来的生活和工作中发挥重要作用。此外，综合性学习还能帮助学生发展批判性思维，培养他们的独立思考能力。

总的来说，小学语文综合性学习具有许多优势，它能够激发学生的学习热情，增强他们的实践能力和创新精神，培养他们的团队合作精神，提升他们的综合素质。这种学习方式无疑为小学语文教育打开了一扇新的窗户，让我们看到了一个更丰富、更多元的教育未来。

4. 小学语文项目化学习与综合性学习的联系

在当今的教育环境中，小学语文教育的重要性不言而喻。为了更好地提升学生的语文素养，许多教育者开始尝试项目化学习和综合性学习这两种教学方法。这两种教学方法的结合，不仅有助于提升学生的学习效果，而且能够培养学生的创新能力和问题解决能力。

（1）契合性

①强调学生的主动参与和实际操作

项目化学习和综合性学习都强调学生的主动参与和实际操作。在项目化学习中，学生需要围绕一个主题或问题，通过团队合作、资料搜集、实践操作等方式，完成一个具有实际意义的项目。而在综合性学习中，学生需要将所学知识进行整合，通过实践操作加深对知识的理解。这两种方法都鼓励学生积极参与、动手实践，有利于培养学生的动手能力和实践能力。

②注重培养学生的创新能力与问题解决能力

项目化学习和综合性学习都注重培养学生的创新能力与问题解决能力。在项目化学习中，学生需要运用创新思维，解决实际问题。而在综合性学习中，学生需要运用所学知识，解决复杂的问题。这两种方法都注重培养学生的思维能力，有利于提高学生的综合素质。

（2）相辅相成

①项目化学习为综合性学习提供实践平台

项目化学习为综合性学习提供了实践平台。在项目化学习中，学生需要运用多学科知识解决实际问题。这为学生提供了综合运用所学知识的机会，有利于培养学生的综合能力。同时，项目化学习也为学生提供了实践的机会，有利于提高学生的实践能力。

②综合性学习为项目化学习提供知识基础

综合性学习为项目化学习提供了丰富的知识基础。在综合性学习中，学生需要将所学知识进行整合，形成完整的知识体系。这有利于学生更好地理解和掌握知识，为项目化学习提供有力的支持。同时，综合性学习也为学生提供了思考问题的角度和方法，有利于培养学生的思维能力。

小学语文项目化学习与综合性学习的契合性表现在它们都强调学生的主动参与和实际操作，以及注重培养学生的创新能力与问题解决能力。它们之间的相辅相成关系表现在项目化学习为综合性学习提供了实践平台，而综合性学习则为项目化学习提供了丰富的知识基础。因此，将项目化学习和综合性学习相结合，能够更好地提升小学语文的教学效果，培养学生的综合素质。

项目化学习和综合性学习在小学语文教学中都是重要的学习方式。它们互相补充、相互促进，有利于提高学生的综合素质和学习效果。在教学过程中，我们应该灵活运用这两种方法，以适应不同的教学情境和学生的学习需求。这不仅有利于激发学生的学习兴趣和积极性，还有利于培养学生的创新能力和问题解决能力，为他们未来的学习和生活奠定坚实的基础。

5. 小学语文项目化学习与综合性学习的区别

在小学语文教学中，项目化学习和综合性学习是两种重要的学习方式。虽然它们都强调学生的主动性和实践性，但它们在教学目标、教学方法和评价方式上存在着明显的差异。

（1）教学目标不同

项目化学习注重培养学生的问题解决能力和实践能力，旨在通过实际问题的解决提高学生的学习效果。因此，项目化学习的目标在于提高学生的问题解决能力、团队协作能力和创新能力等。而综合性学习更注重培养学生的综合素质，包括语言表达能力、思维能力、审美能力和创造力等，旨在通过多样化的学习活动，使学生全面发展。

（2）教学方法不同

项目化学习的教学方法通常采用小组合作的形式，让学生在实际问题的解决中自主探究、合作交流，从而达到教学目标。在教学过程中，教师更多的是作为一个引导者和组织者，帮助学生解决问题，促进团队合作。而综合性学习的教学方法则更加灵活多样，可以包括朗诵、演讲、表演、写作等多种形式，旨在通过多样化的学习活动，激发学生的学习兴趣和主动性，从而达到教学目标。

（3）评价方式不同

项目化学习的评价通常以成果展示为主，通过学生的实际表现评价学生的学习成果。评价的内容包括学生在项目过程中的表现、团队协作能力、问题解决能力等。而综合性学习的评价则更加多元化，包括学生的语言表达能力、思维能力、审美能力等各方面的表现，评价方式更加灵活多样。同时，综合性学习的评价不仅关注学生的学习成果，更关注学生的学习过程和学习态度，注重学生的全面发展。

小学语文项目化学习和综合性学习在教学目标、教学方法和评价方式上存在着明显的差异。项目化学习更注重问题解决和实践能力的培养，而综合性学习更注重学生的综合素质的培养。在实践中，我们应该根据教学内容和学生的实际情况，选择合适的学习方式，以达到最佳的教学效果。

小学语文项目化学习和综合性学习在教学方法、教学目标和评价方式上各有特点，但它们都致力于提升学生的语文素养和综合能力。在实际教学中，教师应根据教学内容和学生特点，灵活运用这两种教学方法，以实现最佳的教学效果。

（二）主题式学习

1. 小学语文主题式学习的概念

主题式学习是一种以某个主题为中心，围绕这一主题发散学习内容，以促进学生对知识进行深度理解和全面掌握的学习方式。在小学语文教学中，主题式学习强调将学习内容整合到一起，形成一个或多个主题，使学生在探究和讨论的过程中，实现对知识的深度理解和应用。

2. 小学语文主题式学习的特点

（1）主题明确性

在小学语文主题式学习中，主题的明确性是首要的特点。主题的选择通常基于教材，但同时也会考虑到学生的兴趣和实际生活，因此更具吸引力和现实意义。明确的学习主题不仅能帮助学生集中注意力，更能提高他们的学习兴趣和参与度。

（2）内容整合性

主题式学习的一个显著特点是它能够整合教材中的零散知识点，形成一个有机的整体。主题不仅涵盖了教材中的知识点，还可能涉及其他相关的学习内容，如与主题相关的文化背景、历史知识等。这种方式不仅有利于学生对知识点的理解和记忆，还有助于他们形成完整的知识体系。

（3）具有探究性

主题式学习具有探究性的特点，它鼓励学生通过探究的方式发现和解决问题。学生可以通过收集资料、分析数据、讨论交流等方式，深入探究主题，从而培养他们的创新思维和解决问题的能力。这种学习方式不仅能提高学生的知识水平，还能培养他们的科学精神和批判性思维。

（4）具有综合性

主题式学习具有综合性的特点，它打破了学科之间的界限，将各种学习内容有机地融合在一起。这种方式能帮助学生将所学知识应用到实际生活中，提高他们的综合素质。同时，通过跨学科的学习，学生可以更好地理解不同学科之间的联系和区别，从而形成全面的知识体系。

小学语文主题式学习具有明确主题、整合内容、强调探究和注重综合性的特点。这些特点不仅能帮助学生更好地理解和掌握知识，还能培养他们的创新思维、问题解决能力和跨学科视野。因此，这种学习方式是提高小学语文教学质量和效果的有效途径。

3. 小学语文主题式学习的优势

（1）提高学习效率

主题式学习能够使小学语文的教学内容更为集中，从而提升学习效率。它以某一主题为核心，将相关的知识点整合在一起，使学生在学习过程中可以系统地理解和掌握知识。这种方式避免了传统教学中知识点分散、学习效果不明显的问题，使学生在有限的时间内能够更好地理解和掌握知识，从而提高学习效率。

（2）增强学习兴趣

主题式学习通过设定特定的主题，使学生能够更加深入地理解和探索语文知识，从而增强学生的学习兴趣。主题的选择通常与学生日常生活相关，能够引起学生的兴趣和关注，使学生在探索主题的过程中感受到学习的乐趣，从而增强学习的积极性和主动性。

（3）培养综合能力

主题式学习不仅关注知识的传授，更注重学生综合能力的培养。通过设定各种主题，学生需要运用各种能力去解决问题、表达观点、交流沟通。这种方式不仅使学生更好地理解和掌握知识，还锻炼了学生的思维能力、表达能力、合作能力等多方面的能力，有助于培养学生的综合能力。

（4）提高教学质量

主题式学习通过系统地整合知识点，使学生能够更好地理解和掌握知识，从而提高教学质量。这种方式避免了传统教学中知识点分散、学生学习效果不明显的问题，使教师能够更好地把握学生的学习情况，从而更有针对性地进行教学，提高教学质量。

小学语文主题式学习具有提高学习效率、增强学习兴趣、培养综合能力、提高教学质量等多方面的优势。通过主题式学习，学生能够更好地理解和掌握语文知识，同时也能锻炼自己的综合能力，提高自己的综合素质。因此，我们应该积极推广小学语文主题式学习，以更好地促进学生的发展。

4.小学语文项目化学习与主题式学习的区别

随着教育改革的不断深入,项目化学习和主题式学习在小学语文教学中得到了越来越多的关注。这两种学习方式在目标、方法和评价上都存在明显的差异。

(1)教学目标不同

项目化学习是一种以解决问题为导向的学习方式,它要求学生围绕一个特定的主题,通过搜集资料、分析问题、制定方案、实施方案、展示成果等一系列过程,最终达到解决问题的目的。这种学习方式更注重学生的实践能力和创新精神,有利于培养学生的团队协作能力和解决问题的能力。而主题式学习则是以某个特定的主题或话题为核心,通过阅读、写作、口语交际等多种形式的学习活动,使学生深入理解和掌握该主题或话题所涉及的知识和技能。这种学习方式更注重学生对知识的理解和运用,有利于培养学生的语言表达能力、思维能力和跨文化交际能力。

(2)教学方法不同

项目化学习的教学方法通常包括小组讨论、案例分析、角色扮演、实地考察等多种形式。这些教学方法旨在帮助学生更好地理解和掌握所学的知识,同时培养学生的实践能力和创新精神。在项目化学习中,教师通常会给予学生一定的时间和空间,让他们自主地探索和解决问题,同时也会给予必要的指导和支持。而主题式学习的教学方法则更加多样化,包括阅读、写作、口语交际、角色扮演、小组讨论等多种形式。这些教学方法旨在帮助学生更好地理解和掌握所学的主题或话题,同时培养学生的语言表达能力、思维能力和跨文化交际能力。在主题式学习中,教师通常会围绕主题或话题展开一系列的学习活动,并给予学生必要的指导和支持。

(3)评价方式不同

项目化学习的评价通常包括成果展示、小组互评、教师评价等多个方面,更加注重学生的实践能力和创新精神的表现。评价的方式和方法更加灵活和多样化，以更好地反映学生的综合素质和能力。而主题式学习的评价则更加注重学生的理解和运用能力的表现，通常包括作业、考试、表现记录等多个方面。评价的方式和方法相对固定和统一，更注重学生的知识掌握和运用程度。

项目化学习和主题式学习各有其特点和优势，教师在教学中应该根据教学内容和学生的实际情况选择合适的学习方式，以提高教学效果和质量。同时，教师也应该注重评价方式的多样性和灵活性，以更好地反映学生的综合素质和能力。

5. 项目化学习与主题式学习的联系

在当今的教育环境中，教学方式正在经历着前所未有的变革。其中，项目化学习和主题式学习在小学语文教学中发挥着越来越重要的作用。这两种教学方式都以学生为中心，旨在激发学生的兴趣与主动性，同时培养学生的创新能力与合作精神。

（1）以学生为中心的教学方式

项目化学习和主题式学习都是以学生为中心的教学方式。在这种模式下，学生不再是被动接受知识，而是通过主动参与、探索和合作理解和掌握知识。这种方式能够更好地激发学生的学习兴趣，提高他们的主动性，使他们更加积极地参与到学习中。

（2）培养学生的创新能力与合作精神

项目化学习和主题式学习都能够培养学生的创新能力与合作精神。在项目化学习中，学生需要解决实际问题，这需要他们发挥创新思维，提出新的解决方案。而在主题式学习中，学生需要通过小组合作共同解决问题，这能够培养他们的合作精神和团队沟通能力。同时，通过这种学习方式，学生还可以学会如何倾听他人的意见，如何表达自己的观点，以及如何与他人合作达成共同的目标。

此外，这两种学习方式都能够提高学生的综合素质。项目化学习能够培养学生的问题解决能力、创新思维能力和领导力；而主题式学习则能够培养学生的批判性思维、沟通能力和协作能力。这些能力的提高，不仅有利于学生的个人发展，也能够为他们的未来生活和工作打下坚实的基础。

项目化学习和主题式学习在小学语文教学中具有重要的作用。它们相互补充，能够更好地激发学生的学习兴趣和主动性，提高他们的学习效果。通过将这两种教学方式结合起来，我们可以形成一种综合性的教学方法，培养学生的创新能力和语言表达能力。因此，我们应该积极探索和实践项目化学习和主题式学习的结合方式，以提高小学语文教学的质量和效果。

（三）项目化学习、语文综合性学习和主题式学习的关系

1. 项目化学习、语文综合性学习和主题式学习的侧重点

项目化学习、语文综合性学习和主题式学习这三种学习方式，没有优劣之分，只是各自的侧重点不同。

项目化学习是一种以学生为中心，以驱动性问题为统领，以项目为形式，以自主合作探究为主要学习方式，以公开的成果为目标，将学习置于具体问题情境之中的教学模式。学生在完成一个真实项目的活动中，历经调研观察、查阅文献、收集资料、分析研究等一系列过程，内化语文知识，最终目的是在掌握语文基本知识和基本技能的同时，创新能力、解决问题能力、批判性思维能力、合作学习能力和终身学习能力等得到全面发展。

项目化学习强调的是对核心知识的再建构和思维的迁移，在学习深度上的要求比综合性学习、主题式学习要高。

相对来说，项目化学习和语文综合性学习更接近些。可以说，课题组很多老师都是以语文综合性学习的思维来做项目化学习的。我们老师可以从语文综合性学习、主题式学习入手，慢慢地尝试，等积累了一定的经验后，可以通过提炼概念、明晰目标、补充完善驱动性问题、提升思维层级等方法，让语文综合性学习和主题式学习成为更有深度和质量的项目化学习。所以，我们把语文综合性学习、主题式学习起了一个"浅项目化学习"的名称，作为研究"项目化学习"课程样态中的一种。

2.项目化学习、主题式学习、综合性学习三者的关系分析

项目化学习、主题式学习都是语文综合性学习的一种表现形式,而项目化学习又是主题式学习、语文综合性学习的延伸和拓展,这三者之间是有交叉的,具体如下。

(1)项目化学习、主题式学习是语文综合性学习的表现形式

语文综合性学习是一种以学生的自主探究和合作学习为主要形式的学习方式,它强调学生的主体性和实践性。项目化学习和主题式学习是语文综合性学习的具体表现形式之一。在项目化学习中,学生需要围绕一个主题或问题进行深入探究,通过小组合作、实践操作等方式,完成一个具有实际意义的学习任务。这种学习方式能够培养学生的实践能力和团队合作精神,同时也能够锻炼学生的语言表达和思维能力。主题式学习是围绕一个特定的主题或话题展开的学习活动,它注重学生的兴趣和自主探究,能够激发学生的学习兴趣和积极性。通过主题式学习,学生能够深入了解某一主题的相关知识和文化,从而拓宽自己的视野和知识面。

(2)项目化学习是主题式学习、综合性学习的延伸与拓展

项目化学习是主题式学习和综合性学习的延伸与拓展。首先,项目化学习能够将语文知识与其他学科知识进行整合,从而拓宽学生的学习范围和知识面。其次,项目化学习能够将课堂内外的学习活动进行有机结合,从而增强学生的学习体验和实际应用能力。最后,项目化学习能够培养学生的创新精神和解决问题的能力,从而提高学生的综合素质和竞争力。

项目化学习、主题式学习和综合性学习在小学语文教学中具有重要的作用。它们不仅是语文教学的重要方式,更是培养学生综合素质和语文能力的重要途径。在实际教学中,教师应该注重学生的主体性和实践性,积极引导学生开展探究性学习和合作学习,培养学生的创新精神和解决问题的能力。同时,教师也应该根据学生的学习特点和兴趣爱好,灵活运用不同的教学方式和方法,提高教学效果和质量。只有这样,才能真正实现小学语文教学的目标,为

学生的全面发展奠定坚实的基础。

五、项目化学习中的低阶思维和高阶思维

（一）小学语文项目化学习中的低阶思维

1. 低阶思维概念

低阶思维，是一个在教育领域中经常被提及的概念，通常是指较低层次的思考和解决问题的能力。在具体的情境中，这种思维模式可以被应用到各种领域，如科学、技术、工程、数学等。

2. 低阶思维的特征

（1）直观性

低阶思维的直观性表现在它倾向于直观理解和处理信息，更关注表面现象和实际操作。它倾向于将复杂的问题简化，将抽象的概念转化为具体的图像或实例，以利于理解和处理。

（2）层次性

低阶思维具有明显的层次性。在处理问题时，它通常遵循一个明确的逻辑步骤，从简单到复杂，从基础到高级。这种层次性有助于学习者逐步提高他们的思维能力。

（3）易操作性

低阶思维模式往往更易于操作，因为它更注重具体的方法和步骤，而较少关注抽象的理论和概念。这意味着学习者可以更快地掌握这种思维方式，并将其应用到实践中。

（4）相对稳定性

低阶思维具有相对的稳定性，这意味着一旦学习者掌握了这种思维方式，他们在相当长的一段时间内都会倾向于使用这种思维方式。这也有助于保持思维的连贯性和一致性。

3. 低阶思维的价值

低阶思维对于学习和发展具有重要的作用。首先，它有助于培养学习者的基本技能和解决问题的能力。其次，它有助于学习者在面对新的问题和挑战时保持冷静和自信。最后，通过不断练习和应用，低阶思维可以逐渐转化为高阶思维，为未来的学习和职业发展打下坚实的基础。

低阶思维是一种基础而重要的思维能力，它对于学习和发展具有重要的作用。通过理解和应用低阶思维的特征和价值，我们可以帮助学习者发展他们的基本技能和解决问题的能力，为他们的未来学习和职业发展奠定坚实的基础。

4. 小学语文项目化学习中低阶思维的范畴

在小学语文项目化学习中，低阶思维的主要范畴包括学生对文本的记忆、背诵、理解和领悟等。具体来说，包括以下几个方面。

（1）文本记忆

文本记忆是低阶思维的一个重要方面，它包括对课文、词汇、句型等基本知识的记忆。在项目化学习中，教师可以通过组织各种形式的记忆活动，如小组背诵比赛、个人记忆挑战等，帮助学生增强记忆能力。同时，教师还应引导学生掌握记忆的技巧，如联想记忆、故事记忆等，以提高记忆的效率。

（2）文本诵读

诵读是小学语文教育中另一个重要的低阶思维活动。通过诵读，学生可以更好地理解课文，增强语感，提高口头表达能力。在项目化学习中，教师可以组织各种形式的诵读活动，如分角色诵读、配乐诵读等，让学生在实践中提高诵读能力。同时，教师还应引导学生掌握诵读的技巧，如正确的语音、语调和语速等，以提高诵读的效果。

（3）文本理解

文本理解是低阶思维中的又一重要方面。学生只有理解了课文的意思，才能更好地进行后续的学习。在项目化学习中，教师可以通过设计各种理解性的问题，引导学生进行思考和讨论，帮助学生理解课文。同时，教师还应引导学生学会分析、比较、归纳等理解技巧，以提高学生对课文的理解深度。

（4）文本领悟

文本领悟是高阶思维的一个重要体现。学生只有对课文有了深刻的理解和领悟，才能更好地将其内化为自己的知识。在项目化学习中，教师可以引导学生对课文进行深入的反思和讨论，以促进学生对课文的领悟。同时，教师还应鼓励学生积极探索，尝试从不同的角度理解课文，以提高他们的领悟能力。

在小学语文项目化学习中，培养学生的低阶思维是非常重要的。首先通过文本记忆、诵读、理解和领悟等环节，可以帮助学生更好地理解和掌握语文知识，提高他们的学习效果和兴趣。其次，教师还应注重培养学生的思维能力、创新能力、合作能力等高阶能力，以促进学生的全面发展。最后，教师应不断反思和总结自己的教学方法和策略，以更好地适应学生的学习需求和发展需要。

5.小学语文项目化学习中低阶思维的培养

在小学语文项目化学习中，低阶思维的培养可以通过以下几种方式实现。

（1）问题的提出和解决。通过设定真实的问题或项目，引导学生进行思考和讨论，培养他们解决问题的能力。例如，可以组织一个关于环保的项目，让学生思考如何在日常生活中减少垃圾的产生，或者如何将废弃物转化为有价值的资源。在这个过程中，学生需要分析问题，提出解决方案，并尝试实施。

（2）决策能力的培养。在项目化学习中，学生需要学会做决策，这有助于培养他们的决策能力。例如，在环保项目中，学生需要决定如何处理回收的物品，或者如何选择最佳的垃圾分类方案。他们需要评估各种选择，并做出决定。

（3）分析能力的提升。项目化学习要求学生分析数据、信息、观点和证据，以便做出明智的决策。例如，在讨论一个社会问题的项目中，学生需要收集和分析数据，以了解问题的严重性，并找出可能的解决方案。

（4）理解和评价能力的增强。通过项目化学习，学生可以更好地理解和评价各种观点和证据。他们需要学会批判性地思考，理解他人的观点，并表达自己的看法。

通过在小学语文项目化学习中培养学生的低阶思维，我们可以为学生未来的学习和生活打下坚实的基础。这种方法不仅能提高学生的学习兴趣和动力，还能增强他们的独立思考和问题解决能力，这些能力将在他们的一生中起到重要作用。同时，我们应记住，每个学生的学习方式和速度都是不同的。因此，我们应该尊重这种差异，并为每个学生提供适合他们的发展机会。

在实施项目化学习时，我们还需要注意一些关键点。首先，确保项目具有实际意义和吸引力。这将激发学生的学习兴趣和动力。其次，教师需要给予学生足够的支持和指导，以确保他们能够成功地完成项目。最后，我们还需要注意评估和反馈的重要性。通过定期评估和反馈，我们可以了解学生的学习进展和需要改进的地方。

小学语文项目化学习是一种非常有前途的教学方法，它能够有效地培养学生的低阶思维能力。通过这种方式，可以帮助学生发展关键的解决问题的能力、决策能力、分析能力和理解评价能力，这些能力将使他们能够在未来的学习和生活中取得成功。

在小学语文项目化学习中，低阶思维的培养是非常重要的。通过不断加强对学生记忆、背诵、理解和领悟等方面的训练，可以更好地提高学生的语文素养和思维能力，为他们的未来发展打下坚实的基础。

（二）小学语文项目化教学与高阶思维

1. 高阶思维概念

在当今的教育环境中，高阶思维这一概念逐渐受到广泛关注。高阶思维主要指的是高级思维技能，包括创新、问题解决、批判性思维等，它超越了简单的记忆和复述事实，更强调理解和应用知识，以及创新性地解决问题。在教育领域中，高阶思维通常指的是发生在较高认知水平层次上的心智活动及其产品，主要涉及心智操作的混合，涉及分析与评价、形式与内容、理论与应用等的混合。换句话说，高阶思维涵盖了理解和分析问题、形成新的思考方式、做出有效的决策、创造并解决问题的认知过程。在教育环境中，这种思维模式对于学生的批判性思考、创新性思维和问题解决能力的发展至关重要。在小学语文教学中，高阶思维是指学生在分析、评价、创造等高级思维活动中，表现出的灵活运用知识的能力。

2.高阶思维特点

（1）批判性思考。高阶思维鼓励学生批判性思考，挑战已知、质疑常规，不盲目接受现成的结论。他们通过分析、评价和反思自己的观点和证据，发展出独立的思考能力。

（2）创新性思维。高阶思维鼓励学生在解决问题时超越传统的思维方式，提出新的观点和方法。他们通过探索、发现和创造，发展出创新性思考的能力。

（3）问题解决。高阶思维强调学生能够识别问题、分析问题、制定和实施解决方案。他们通过问题解决的策略和技巧，发展出问题解决的能力。

（4）决策制定。高阶思维要求学生能够评估信息，做出明智的决策，并承担决策的后果。他们通过决策制定过程，发展出决策和风险评估的能力。

（5）沟通合作。高阶思维要求学生能够有效与他人沟通，分享观点，协商解决问题。他们通过团队合作和沟通技巧，发展出沟通合作的能力。

高阶思维是小学语文教育中的重要目标，它有助于培养学生的创新精神、批判性思考和问题解决能力。通过正确的教学方法和策略，我们可以帮助学生在掌握基础知识的同时，发展高级思维能力，为未来的学习和生活奠定坚实的基础。

3.小学语文项目化教学中高阶思维的范畴

高阶思维是相对于低阶思维而言的，它是指发生在较高认知水平上的心智活动，包括分析、综合、评价、创新等。在小学语文项目化教学中，高阶思维范畴主要包括以下几个方面。

(1）分析

分析是指将复杂的问题分解为更小的组成部分，并理解每个部分的功能和关系。在小学语文项目化教学中，学生需要学会分析课文，理解作者的写作意图和主题思想。例如，在学习古诗时，学生需要分析诗句的含义，理解诗人所表达的情感和意境。通过这种方式，学生可以锻炼自己的分析能力，提高对知识的理解程度。

（2）综合

综合是指将分析过的部分组合起来，形成一个新的整体。在小学语文项目化教学中，学生需要学会将所学知识综合运用到实际生活中。例如，在进行环保主题的项目时，学生需要综合环保知识、社会实践和自己的思考，提出切实可行的环保方案。通过这种方式，学生可以锻炼自己的综合能力，提高解决问题的能力。

（3）评价

评价是指对事物的价值、优缺点、效果等进行判断。在小学语文项目化教学中，学生需要学会对学习成果、他人观点和自己的表现进行客观评价。例如，在学习某一历史事件时，学生需要对事件进行评价，理解其历史意义和价值。通过这种方式，学生可以锻炼自己的评价能力，提高自己的批判性思维。

（4）创新

创新是指创造新颖、独特、有价值的事物。在小学语文项目化教学中，学生需要学会发现问题、提出问题和解决问题。例如，在进行科技主题的项目时，学生可以通过观察生活中的现象，发现问题并提出创新的解决方案。通过这种方式，学生可以锻炼自己的创新能力，提高自己的创造力和想象力。

分析、综合、评价和创新是高阶思维的重要组成部分，也是小学语文项目化教学的重要目标。通过项目化教学，学生可以在实践中锻炼这些思维能力，提高自己的综合素质和能力水平。同时，教师也应该积极探索和创新教学方法，为学生提供更多的实践机会和挑战性任务，以促进学生的全面发展。

4.小学语文项目化教学中高阶思维的培养

在小学语文项目化教学中，教师可以通过以下方式促进高阶思维的发展。

（1）创设问题情境

在小学语文项目化教学中，问题情境的创设是培养高阶思维的基础。教师需要根据课程内容，结合学生的实际生活，提出具有挑战性和探索性的问题，激发学生的好奇心和求知欲。例如，在讲授《悯农》这首古诗时，教师可以设计一个"如何珍惜粮食"的项目，让学生通过观察、调查、采访等实践活动，了解粮食的来之不易，培养他们的节约意识。在问题情境的创设过程中，教师还需要注重问题的层次性和开放性，让不同水平的学生都能够参与其中，得到不同程度的发展。

（2）小组合作学习

小组合作学习是项目化教学中常用的方法，它能够促进学生的交流和合作，培养他们的团队协作精神和沟通能力。在小组合作学习中，学生可以通过讨论、分析、总结等方式，共同解决问题，提高他们的思维能力和表达能力。教师需要合理划分小组，确保每个小组都有不同水平的学生，以便他们能够相互学习、相互促进。同时，教师还需要给予学生足够的空间和时间，让他们进行充分的讨论和交流，从而激发他们的思维火花。

（3）深入探究

在项目化教学中，深入探究是培养高阶思维的重要环节。通过探究，学生可以更深入地了解问题，挖掘问题的本质，从而获得更全面的知识和能力。教师需要引导学生进行探究活动，鼓励他们大胆质疑、积极思考、勇于创新，让他们在探究过程中不断挑战自己，提高自己的思维水平。同时，教师还需要给予学生适当的指导和帮助，让他们在探究过程中不断克服困难，获得成功的体验。

（4）反思与评价

反思与评价是项目化教学中不可或缺的环节，它能够帮助学生总结经验、发现问题、改进方法，从而更好地培养他们的高阶思维。在反思过程中，学生需要回顾整个项目过程，思考自己在其中的表现和收获，找出自己的不足之处，并寻求改进的方法。教师需要给予学生积极的评价和反馈，肯定他们的成绩和进步，同时指出他们的不足之处，提出改进的建议。通过反思与评价，学生可以更好地认识自己、提高自己，从而更好地发展自己的高阶思维。

在小学语文项目化教学中，通过创设问题情境、小组合作学习、深入探究和反思与评价等环节，可以有效地培养学生的高阶思维。教师需要注重学生的个体差异，关注他们的全面发展，为他们提供充分的支持和指导，让他们在项目化教学中获得更多的收获和成长。

小学语文项目化教学是培养高阶思维的理想方式之一。通过这种方式，学生不仅可以提高语文知识和技能，还可以培养他们的批判性、创新性、综合性和决策性思维能力。这些思维能力对于他们未来的学习和生活都是非常重要的。

第二节　项目化学习的内容

一、基于单篇课文的项目化学习

老师可结合小学语文统编教材内容，或一篇课文，或语文园地的一部分内容，或一次口语交际，或一次写话习作，或课后的一道习题，进行创造性的处理，选择学生感兴趣的话题，将语篇的内容融入项目化学习中，使学生在愉悦的气氛中学习语文知识，提高学生的听、说、读、写能力。

在小学语文教学中，基于单篇课文的项目化学习是一种常见的教学方法，它能够让学生在深入理解课文的基础上，进行拓展和延伸，从而更好地掌握语文知识和技能。

（一）单篇课文的项目化学习实施步骤

1. 确定项目主题

在基于单篇课文的小学语文项目化学习中，需要确定项目主题。这个主题应该与课文内容相关，同时具有一定的探究价值。教师可以通过与学生讨论、征求学生意见或根据课文内容自行设定等方式确定主题。例如，在学习《曹冲称象》一课后，可以确定"古代聪明的孩子"项目主题，让学生探究更多古代聪明的孩子故事。

2. 制订项目计划

在确定了项目主题后，教师和学生需要共同制订项目计划。这个计划应该包括项目的目标、任务分工、时间安排、资源分配等要素。在制订计划的过程中，教师需要给予学生足够的指导，确保计划的科学性和可行性。同时，计划应该具有一定的弹性，以便根据实际情况进行调整。

3. 开展项目活动

在项目计划制订完成后，就可以开始开展项目活动了。在活动过程中，教师需要给予学生足够的支持和指导，确保项目的顺利进行。学生可以根据项目计划，通过自主探究、合作学习、网络搜索等方式开展活动。同时，教师还需要引导学生对探究结果进行整理、分析和展示，以培养学生的综合能力。

4.展示与交流

在项目活动结束后，需要进行展示与交流环节。这个环节可以通过多种形式进行，如课堂展示、PPT汇报、小组讨论等。在展示过程中，学生需要将自己的探究结果和心得体会展示出来，以便其他学生了解和交流。同时，教师和其他学生也可以提出问题和建议，帮助学生进一步完善自己的探究结果。通过展示与交流，不仅可以提高学生的自信心和表达能力，还可以促进学生对课文内容的深入理解和应用。

基于单篇课文的小学语文项目化学习实施步骤包括确定项目主题、制订项目计划、开展项目活动和展示与交流。在实施过程中，教师需要给予学生足够的支持和指导，同时注重培养学生的自主学习能力和团队合作精神。通过这样的学习方式，可以更好地激发学生的学习兴趣和积极性，提高他们的语文素养和应用能力。

（二）基于单篇课文的项目化学习优点

在当今的教育环境中，项目化学习已经成为越来越受欢迎的教学方法。特别是在小学语文教学中，项目化学习通过将单篇课文的学习与实际生活情境相结合，能够有效地提高学生的学习兴趣和自主学习的能力。

1.增强学生的参与感

项目化学习鼓励学生积极参与，通过亲身实践理解和掌握知识。在小学语文教学中，基于单篇课文的项目化学习可以让学生更深入地参与到课文的理解和运用中。学生可以通过角色扮演、讨论、研究等方式，将课文中的内容与现实生活相结合，从而更好地理解和掌握知识。

2.培养学生的问题解决能力

项目化学习鼓励学生面对和解决实际问题。在基于单篇课文的小学语文项目化学习中，学生需要面对课文中提出的问题，并通过自己的思考和探索寻找答案。这种学习方式可以培养学生的问题解决能力，让他们学会如何运用所学知识解决现实生活中的问题。

3. 提高学生的自主学习能力

项目化学习强调学生的自主学习。在基于单篇课文的小学语文项目化学习中，学生需要自己寻找资料、设计活动、组织讨论等。这种学习方式可以提高学生的自主学习能力，让他们学会如何独立地获取知识和解决问题。

4. 促进学生的合作与交流

项目化学习鼓励学生之间的合作与交流。在基于单篇课文的小学语文项目化学习中，学生需要通过小组合作的方式完成任务。这种学习方式可以培养学生的合作精神，让他们学会如何与他人合作、交流和分享自己的想法和成果。

5. 增强学生的综合素质

项目化学习不仅可以提高学生的知识和技能，还可以增强学生的综合素质。在基于单篇课文的小学语文项目化学习中，学生需要运用多种技能解决问题，如阅读、写作、口语表达、团队合作等。这种学习方式可以帮助学生全面发展自己的综合素质，为未来的学习和工作打下坚实的基础。

基于单篇课文的小学语文项目化学习具有许多优点，包括增强学生的参与感、培养学生的问题解决能力、提高学生的自主学习能力、促进学生的合作与交流以及增强学生的综合素质等。这些优点不仅有助于提高学生的学习效果，还可以培养他们的创新精神和实践能力。

二、基于语文要素的项目化学习

小学语文统编教材按人文主题和语文要素进行双线编排，有序地按照学生年龄段特点精选文本，课题组依据单元要素或主题进行整合，再加以开发和利用，就能够获得新的项目化学习内容。

（一）语文要素与项目化学习的结合

语文要素是语文学习中的关键因素，包括识字与写字、阅读、表达和审美等方面。项目化学习则是一种以学生为中心的教学方式，它鼓励学生通过实践活动理解和掌握知识。将语文要素与项目化学习相结合，不仅可以提高学生的语文素养，还可以培养他们的创新能力和合作精神。

（二）实施策略

（1）确定项目主题。根据语文要素，选择适合的项目主题，确保主题与学生生活密切相关，能够激发学生的学习兴趣。

（2）小组合作。将学生分成若干小组，鼓励他们通过合作完成任务，培养他们的团队协作能力。

（3）实践探究。引导学生通过实践活动探究问题，培养他们的创新能力和解决问题的能力。

（4）成果展示。鼓励学生展示自己的成果，分享学习经验，增强他们的自信心和表达能力。

（三）实施效果

（1）提高学生的语文素养。通过项目化学习，学生能够更好地理解和掌握语文知识，提高他们的识字与写字、阅读、表达和审美能力。

（2）培养学生的创新能力和合作精神。项目化学习鼓励学生通过实践活动探究问题，培养他们的创新能力和解决问题的能力。同时，小组合作也培养了他们的团队协作能力。

（3）增强学生的学习动力。项目化学习能够激发学生的学习兴趣，增强他们的学习动力，使他们更加积极主动地参与到学习中去。

（4）提高教学效果。项目化学习能够提高教学效果，使学生的学习成果更加丰富和多样化，同时也能够增强师生之间的互动和交流。

基于语文要素的小学语文项目化学习是一种有效的教学方式，它能够提高学生的语文素养，培养他们的创新能力和合作精神，增强学生的学习动力，提高教学效果。在未来的教学中，我们应该继续探索和应用这种教学方式，为学生的语文学习和全面发展提供更多的支持和帮助。

（四）基于语文要素的小学语文项目化学习的优点

在语文课程中，最引人深思的是课堂的本源到底在哪里？对小学语文而言，虽然字词是学习语文的基础，但是构建在学生原有基础上的教学环节显得尤为重要。最典型的做法应该算课前三分钟的成语积累与交流了，这是对学生原有基础的一种激活，更是对语文要素的一种落实。但是，我们不能将这样的做法当作一成不变的法宝，因为随着年级的升高，学生的原有基础也在发生着变化，我们必须根据学生的实际情况做出相应的调整。

项目化学习，在某种意义上讲，它是对学生原有基础的一种深化和提升。因为项目化学习需要学生根据学习内容进行相关资料的搜集与整理，而这一过程实际上就是学生自主阅读、独立体验的过程，这个过程其实就是学生对事物的再认识与理解的过程。学生对语文学习不仅要知其然，而且要知其所以然。这种自主、独立的思考方式如果能在教师恰如其分点拨下及时内化为自己的认知与理解，将能收到相得益彰的效果。这就是我们进行项目化学习的目的所在。基于此，我们需要精心设计好基于语文要素的项目化学习内容，让学生在项目化学习中不断丰富自己的认知体验，提升自己的语文素养。

1. 基于语文要素的项目化学习有利于学生认知思维的深化

项目化学习是一种开放性的学习方式，它需要学生根据自己的理解搜集相关的资料，并对搜集到的资料进行整理与分析。这样的学习方式从不同的角度全面提升了学生的各项能力，为学生的思维深化提供了丰富的实践平台。首先，学生在自主学习中对知识的探究更深刻。基于语文要素的项目化学习其实是在原有的基础知识上进行再学习的过程，这种过程其实是学生探究发现的过程。由于是学生自主选择的课题，他们对内容会有更为深刻的思考，此时他们的认知不再是肤浅的表面的感知体验了。其次，学生在合作学习中对知识的理解更丰富。项目化学习是建立在学生自主学习的基础上的，但是单凭个人的力量往往无法完成整个项目的学习过程，此时需要他们根据各自的兴趣爱好组成不同的学习小组进行合作探究。这种合作的过程实际上是学生思维碰撞的过程，他们在思维的相互碰撞中不断丰富着自己的思维理解。

2. 基于语文要素的项目化学习有利于学生认知经验的内化

项目化学习是一种实践性很强的学习方式，它需要学生在学习中不断积累自己的实践经验。而这种经验的积累过程实际上是学生认知经验不断内化的过程。首先，学生在搜集资料的过程中积累了实践经验。项目化学习需要学生根据学习内容搜集相关的资料，而这样的过程实际上是学生对信息的收集、整理、运用的过程。例如，在三年级下册"田园生活"综合性学习中关于田园风光的描写方法搜集、整理和交流的过程中，学生的观察、分析和归纳能力会在无形中得到培养与提高。其次，学生在小组合作中提高了解决问题的能力。项目化学习的核心价值在于培养学生解决问题的能力。当学生在合作学习中遇到问题时，他们会积极主动地寻求解决问题的方法与途径，并在不断尝试中积累解决问题的经验与方法。

3. 基于语文要素的项目化学习有利于学生认知情感的升华

情感态度价值观是语文教学的核心要素之一。不能为了追求热闹的课堂而忽略了学生的情感体验与态度倾向的培养与提升。因此，要根据教学内容与学生实际情况选择合适的项目化学习内容，让学生在项目化学习中不断丰富着自己的情感体验与态度倾向。例如，在五年级上册"走进神话故事"的项目化学习中，学生对神话故事的阅读兴趣会在不知不觉中得到提升；对神话故事中的英雄人物的认识也会在不断的交流中得到丰富；对神话故事中所蕴含的民族精神也会在不断的讨论中得到升华……这些情感体验与态度倾向的提升都是在不知不觉中进行的，而且它们已经超越了项目化学习的范畴而成为学生内心的一种坚定信念和永恒的精神支柱。

基于语文要素的小学语文项目化学习在全面提升学生的语文素养方面具

有得天独厚的优势。我们要根据学生的学习实际情况与教材内容的有机联系选择合适的项目化学习内容，让学生在丰富多彩的项目化学习中不断丰富自己的认知体验与情感态度倾向；不断提升自己的语文素养与实践能力；不断促进自己的全面发展与提升！

三、基于综合性学习的项目化学习

小学语文统编教材从三年级开始，编排了综合性学习的内容，这是小学生语文综合性能力提升的标志。纵观这些综合性学习的设计，有读与写、口语交际、实际操作等类型的要求。以三至六年级的语文综合性学习为内容进行项目化学习，让学生展开相关的调查、实践和研究，最终形成自己的学习成果。

（一）基于综合性学习的项目化学习设计

1.读与写

在小学语文教育中，阅读和写作是两项至关重要的技能。通过综合性学习的方式，可以更好地将这两者结合在一起，让学生在实践中学习和掌握。

（1）阅读

通过综合性学习，可以组织学生进行广泛的阅读，不仅限于课本内的文章，还可以引入一些优秀的课外读物。这样的阅读活动不仅可以提高学生的阅读理解能力，还可以培养他们的审美能力。同时，还可以组织阅读分享会，让学生分享他们的阅读体验和心得，从而增强他们的口头表达能力和自信心。

（2）写作

写作是小学语文教育中另一个重要的方面。综合性学习可以提高学生的写作技巧。例如，可以设计一些项目化的写作任务，让学生根据特定的主题或问题写作。这些任务需要学生从多个角度进行思考和探索，这样可以帮助他们发展逻辑思维和批判性思维。还可以鼓励学生尝试不同的写作风格和形式，如诗歌、短篇小说、故事等，这样不仅可以提高他们的写作技巧，还可以激发他们的创造力和想象力。

2. 口语交际

口语交际是小学语文教育中另一个重要的方面。通过综合性学习，可以更好地培养学生的口语交际能力。

（1）课堂讨论

在课堂上，可以组织学生进行各种讨论，让他们表达自己的观点和想法。这样的讨论不仅可以提高学生的口头表达能力，还可以培养他们的批判性思维和沟通能力。

（2）角色扮演

可以通过设计一些角色扮演的活动，让学生通过扮演不同的角色学习和体验不同的情境。这样的活动可以帮助学生更好地理解和表达不同的情感和观点，同时也可以提高他们的沟通技巧和合作能力。

3. 实际操作

实际操作是小学语文教育中不可或缺的一部分。通过综合性学习，可以让学生在实际操作中学习和掌握知识。

（1）实地考察

可以组织学生进行实地考察，让他们亲身体验和了解不同的环境和文化。这样的活动可以帮助学生更好地理解和应用他们在课堂上学到的知识。

（2）动手制作

可以鼓励学生动手制作一些小物品或艺术品，让他们在实际操作中学习和提高技能。这样的活动不仅可以提高他们的动手能力，还可以激发他们的创造力和想象力。

基于综合性学习的小学语文项目化学习可以有效地提高学生的阅读、写作、口语交际和实际操作能力。通过广泛的阅读和写作练习，学生可以发展他们的阅读理解能力和写作技巧；通过课堂讨论和角色扮演等活动，学生可以提高他们的口头表达能力和批判性思维；通过实地考察和动手制作等活动，学生可以发展他们的观察力和动手能力，同时也可以激发他们的创造力和想象力。

这样的教育方式不仅可以提高学生的学习效果，还可以培养他们的综合素质和能力，为他们的未来发展打下坚实的基础。

（二）基于综合性学习的小学语文项目化学习的优点

在当今的教育环境中，综合性学习和项目化学习已经成为教育改革的重要方向。特别是在小学语文教学中，项目化学习以其独特的优势，正在逐渐改变传统的教学模式。

1. 增强学生的主动性和参与性

在项目化学习中，学生不再是被动接受知识，而是成为主动的参与者。他们需要主动寻找信息、解决问题，这有助于培养他们的独立思考能力和问题解决能力。同时，通过亲身参与项目的各个环节，学生能更好地理解和掌握知识，从而提高学习效果。

2. 提升学生的团队协作能力

项目化学习常常需要学生之间的协作。通过共同完成任务，学生学会了如何与他人合作，如何倾听他人的意见，如何表达自己的观点。这种团队协作能力的培养在小学阶段尤为重要，因为这是他们未来社会生活的基础。

3. 培养学生的创新精神和创造力

项目化学习鼓励创新和创造。在项目的实施过程中，学生可能会面临各种新的问题和挑战，这会激发他们的创新精神和创造力。他们需要寻找新的解决方案，这有助于培养他们的创新思维和解决问题的能力。

4. 增强学生的实践能力和应用能力

项目化学习注重实践和应用。通过实际操作和体验，学生能更好地理解和掌握知识。这种学习方式有助于培养学生的实践能力和应用能力，使他们更好地适应未来的社会生活。

5. 促进学科间的融合

综合性学习强调学科间的融合。在项目化学习中，学生需要运用多学科的知识和技能解决实际问题。这种跨学科的学习方式有助于培养学生的综合素质，提高他们的竞争力。

6. 提高学生的学习兴趣和动力

项目化学习通常与学生的兴趣和实际生活紧密相连，这能极大地提高他们的学习兴趣和动力，从而使其更加投入地学习。

基于综合性学习的小学语文项目化学习具有许多优点。它能够增强学生的主动性和参与性，提升学生的团队协作能力，培养学生的创新精神和创造力，增强学生的实践能力和应用能力，促进学科间的融合，同时还能提高学生的学习兴趣和动力。因此，我们应该更多地推广和应用这种教育方式，以更好地培养下一代的领导者和社会建设者。

四、基于阅读的项目化学习

小学语文统编教材是在课本"大阅读"行动的基础上，开展整本书阅读，进行主题项目化学习，从而寻找到某一类阅读书籍的文体特点、表达方式、情感流露等阅读的研究。小学语文统编教材以"快乐读书吧"为主线，安排了"童话故事""寓言故事""神话故事""科普读物""民间故事""中国古典名著""成长故事""外国名著"等读物，而且依据文体的特点，提示了阅读策略。老师可以阅读为主题开展不同主题的项目化学习，引导学生进行阅读。

阅读是小学语文教学的重要组成部分，通过阅读可以培养学生的语言表达能力、理解能力和思维能力。在小学语文教学中，项目化学习是一种有效的教学方法，它能够将学习内容与实际生活相结合，激发学生的学习兴趣和主动性。

（一）实施步骤

（1）选定项目主题。根据学生年龄、兴趣和认知水平，选择合适的项目主题。主题应具有现实意义，同时涵盖语文知识。

（2）确定阅读材料。围绕项目主题，选择合适的阅读材料。材料应丰富多样，包含不同体裁、风格的文学作品，以满足学生的阅读需求。

（3）分组与任务分配。将学生分为若干小组，并为各小组分配不同的任务。任务应具有层次性，逐渐增加难度，以促进学生的能力提升。

（4）实施项目。学生根据所选主题和阅读材料，进行深入研究。在此过程中，教师提供必要的指导，帮助学生解决疑惑。

（5）成果展示与评价。各小组展示项目成果，分享学习心得。教师和其他小组可提出意见和建议，以促进学生的反思和改进。

（二）实施方法

（1）组织阅读分享会。定期组织阅读分享会，鼓励学生分享阅读心得，交流阅读体验。这有助于提高学生的阅读兴趣，增强他们的表达能力。

（2）开展角色扮演活动。通过角色扮演活动，让学生深入理解文学作品中的角色和情节。这有助于培养学生的想象力和创造力，同时也能增强他们对文学作品的感知能力。

（3）定期举行辩论赛。通过辩论赛的形式，引导学生对文学作品中的主题、人物等进行深入探讨。这有助于培养学生的思辨能力，同时也能提高他们对文学作品的鉴赏能力。

（4）撰写读书笔记。要求学生定期撰写读书笔记，记录自己对文学作品的理解和感悟。这有助于培养学生的阅读习惯和思考能力，同时也能锻炼他们的写作能力。

（5）建立学习共同体。鼓励学生之间建立学习共同体，相互学习、相互帮助。这有助于培养学生的团队协作能力和沟通能力。

（三）注意事项

（1）教师应关注学生的阅读兴趣和阅读能力，根据学生的实际情况调整教学策略和方法。

（2）项目化学习的实施应注重学生的个体差异，关注学生的个性发展，激发他们的创新精神和实践能力。

（3）在项目实施过程中，教师应给予学生充分的自主权和空间，但也要适时给予指导和帮助，确保项目顺利进行。

（4）评价方式应多元化，包括学生的自我评价、小组评价和教师评价等，以全面反映学生的学习成果和进步。

（5）应注意学生的个体差异。在项目化学习中，学生之间的差异可能会被放大，因此教师应注意观察学生的表现，及时给予指导和帮助。

（6）应注重阅读材料的选取。在选取阅读材料时，应注重其思想性、趣味性和实用性，以激发学生的学习兴趣和主动性。

（7）应加强教师培训。项目化学习对教师提出了更高的要求，教师应加强自身的学习和提高，以更好地指导学生开展项目化学习。

（8）应注重评价方式的改革。在项目化学习中，应注重评价方式的改革，采用多元化的评价方式，以更好地反映学生的学习情况和进步程度。

基于阅读的小学语文项目化学习是一种有效的教学方法，它能够将学习内容与实际生活相结合，激发学生的学习兴趣和主动性。通过实施方法、效果和反思的总结和分析，可以更好地推进小学语文项目化学习的开展，从而更好地培养学生的综合素质和能力。

（四）基于阅读的小学语文项目化学习的优点

在小学语文教学中，基于阅读的项目化学习具有许多优点，它不仅有助于提高学生的阅读理解能力，还能培养学生的创新思维和团队协作精神。

（1）增强学生的阅读兴趣。基于阅读的项目化学习为学生提供了丰富多样的阅读材料，这些材料通常与学生的生活息息相关，能引发学生的兴趣。通过这种方式，学生可以在轻松愉快的环境中培养阅读习惯，增强阅读兴趣。

（2）提高阅读理解能力。项目化学习要求学生深入理解阅读材料，包括对文章主题、情节、人物性格、作者的写作意图等进行深入分析。这种方式有助于提高学生的阅读理解能力。

（3）培养批判性思维。项目化学习鼓励学生主动思考，对阅读材料进行批判性分析。这有助于培养学生的批判性思维，使他们能够独立思考，提出自己的观点。

（4）促进团队协作。项目化学习常常需要学生以小组形式进行，这有助于培养学生的团队协作精神。通过小组讨论和合作，学生可以学习如何倾听他人意见，尊重他人观点，以及如何有效地进行团队合作。

（5）增强学生的沟通技巧。在项目化学习中，学生需要与他人分享自己的想法和观点，这有助于提高他们的沟通技巧。通过倾听他人的观点，学生可以学习如何更好地理解他人，从而增强他们的社交技能。

（6）提升学生的自主学习能力。项目化学习鼓励学生主动探索和解决问题。通过这种方式，学生可以学习如何独立地获取信息、解决问题，从而提升他们的自主学习能力。

（7）提升学生的语言表达能力。项目化学习不仅要求学生对阅读材料有深入的理解，还要求学生能够用语言准确地表达自己的观点和想法。这种方式有助于提高学生的语言表达能力。

基于阅读的小学语文项目化学习具有许多优点。它不仅能提高学生的阅读理解能力，还能培养他们的创新思维、团队协作精神和沟通技巧。这些技能在未来的学习和生活中都至关重要。同时，项目化学习还能激发学生的主动性和兴趣，使他们更乐于投入到学习中去。这样的教学方法值得我们进一步研究和推广。

五、基于社会实践的项目化学习

基于社会实践的小学语文项目化学习是一种有益于学生、教师和学校的教学模式。它不仅能够增强学生的实践能力和创新能力，还能提高教师的教学能力、创新意识和实践能力，同时还能推动学校教育改革，提高学校的知名度和声誉。因此，学校应该积极推广这种教学模式，为学生提供更多实践和探索的机会，让他们在实践中成长和发展。

小学语文教学不仅应关注知识的学习，更应重视学生能力的培养和提升。

将社会实践引入小学语文项目化学习，将更有助于学生的全面发展。在此背景下，我们倡导立足教材，选择贴近学生生活的实践性项目化学习内容，引导学生观察、发现问题，并运用语文知识和能力研究并解决问题。

（一）立足教材，选择贴近学生生活的实践性项目化学习内容

选择贴近学生生活的实践性项目化学习内容，能够让学生在学习过程中感到亲切和兴趣，有助于提升学习效果。例如，在讲授《春天的美丽》这一单元时，我们可以设计"寻访家乡春天的变化"的项目化学习活动，让学生走出教室，去实地观察和感受春天的美丽，提升观察能力和口头表达能力。

（二）引导学生观察、发现问题

引导学生观察、发现问题，是项目化学习的关键环节。教师可以通过组织学生观察生活中的事物，提出开放性问题，引导学生主动思考和发现。例如，在"寻访家乡春天的变化"的项目化学习中，教师可以引导学生观察春天的植物、动物和人们的活动，提出"春天有哪些变化？这些变化对人们的生活有什么影响？"等问题，让学生带着问题去观察和思考。

（三）引导学生运用语文知识和能力研究并解决问题

项目化学习的核心在于引导学生运用语文知识和能力去研究并解决问题。在"寻访家乡春天的变化"的项目化学习中，学生可以使用观察、调查、分析等方法研究和解决问题。教师可以引导学生用口头和书面语言表达自己的研究成果，提升学生的语文表达能力。

基于社会实践的小学语文项目化学习，将有助于提高学生的语文素养和综合能力，使学生更好地适应社会的发展。同时，这种学习方式也有助于激发学生的学习兴趣和主动性，培养他们的创新精神和合作意识。

基于社会实践的小学语文项目化学习具有很大的潜力和价值。它不仅能让学生更好理解和掌握语文知识，更能培养他们的实践能力和问题解决能力。同时，这种学习方式也有助于培养学生的社会责任感和团队合作精神。因此，我们应该积极推广这种学习方式，让更多的学生从中受益。

（四）基于社会实践的小学语文项目化学习的优点

目前，社会实践与小学语文项目化学习的融合正在成为一种新的趋势。这种融合不仅丰富了学生的学习体验，也提高了他们的学习效果。它为学生提供了一个真实、生动的学习环境，使他们能够将所学知识应用到实际生活中，同时也培养了他们的团队协作能力、问题解决能力和创新能力。

1. 增强学习体验

社会实践与小学语文项目化学习的融合，为学生提供了一个真实、生动的学习环境。通过参与各种实践活动，学生能够将理论知识与实际应用相结合，增强他们的学习体验。例如，他们可以参加社区志愿者活动，帮助老年人阅读和理解新闻报纸，或者参与环保项目，了解环保的重要性。这些实践活动能够激发学生的学习兴趣，使他们更加投入地学习语文知识。

2. 提升解决问题的能力

项目化学习鼓励学生通过团队合作，解决实际问题。这种学习方式不仅有助于培养学生的团队协作能力，还能提升他们的问题解决能力。在实践活动中，学生需要学会如何分析问题、制订计划、实施方案、评估结果，这一系列的过程都是对他们问题解决能力的锻炼。通过这种方式，学生能够更好地理解和应用语文知识，并将其应用到实际生活中。

3. 培养创新精神

社会实践与小学语文项目化学习的融合，有助于培养学生的创新精神。在实践中，学生需要不断尝试、探索、创新，寻找更好的解决方案。这种学习方式鼓励学生挑战传统观念，发挥他们的想象力，培养他们的创新思维。同时，通过实践活动，学生还能了解到创新的实际意义和应用，激发他们的创新热情。

4. 提高社交技能

社会实践让学生有机会与其他人互动，提高他们的社交技能。在实践中，学生需要学会如何与他人合作、沟通、解决问题。这些技能对于他们未来的生活和工作都非常重要。通过参与实践活动，学生能够更好地理解社交的重要性，提高他们的社交技能，为他们的未来做好准备。

5.增强自我认知和责任感

社会实践让学生有机会了解自己的优点和缺点，增强自我认知。在实践中，学生需要承担自己的责任，这有助于他们了解自己的责任感。通过这种方式，学生能够更好地了解自己，为自己的未来做好准备。

社会实践与小学语文项目化学习的融合具有许多优点。它能够增强学生的学习体验、提升解决问题的能力、培养创新精神、提高社交技能、增强自我认知和责任感。这种学习方式不仅能够提高学生的学习效果，还能为他们未来的生活和工作做好准备。因此，我们应该积极推动这种学习模式的发展，为学生创造更多的实践机会，让他们在实践中学习和成长。

第三节　项目化学习的流程

一、项目化学习的实施步骤

项目化学习是一种以实践和问题解决为核心的学习方式，旨在培养学生的创新思维、团队协作和问题解决能力。实施项目化学习需要遵循一定的步骤，以确保学习过程的有效性和成果的质量。

（一）确定项目主题

随着课程改革的深入，语文学科项目化学习的重要性逐渐显现。在项目化学习的过程中，确定项目主题是一项关键的步骤。

1.明确目标，以需求为导向

确定项目主题的第一步是明确目标。教师需要与学生共同讨论，了解他们的兴趣、需求和疑惑。这样主题的确定能与学生的实际生活和语文学习紧密相连，同时也能体现学科的核心素养。例如，一个可能的主题可以是"中国传统文化的现代应用"。通过这个主题，学生可以深入研究他们感兴趣的中国传统文化，同时也可以提升他们的创新和实践能力。

2.开放思维，多元化选择

为了拓宽学生的视野，教师应该鼓励学生提出多元化的主题建议。同时，教师也需要提供一些示例主题，以便学生理解项目的结构和流程。这样的方式有助于避免项目主题过于狭隘或脱离实际。

3.基于语文学科特点，注重文化传承与创新

语文学科是一门涉及语言、文学、文化等多方面的学科。在确定项目主题时，应充分考虑语文学科的特点，注重文化的传承与创新。例如，"古诗词的现代演绎"这个主题，既涉及古诗词的理解和鉴赏，又涉及创新和表演，这

样的主题能更好地体现语文学科的综合性和实践性。

4. 关注社会热点，体现时代精神

确定项目主题时，教师也应引导学生关注社会热点问题，将语文学习与社会现实紧密相连。这样的主题能激发学生的学习兴趣，同时也能培养他们的社会责任感和使命感。

5. 师生共同决策，尊重学生主体性

在确定项目主题的过程中，教师和学生应共同参与，共同决策。教师的作用是引导和辅助，学生应该被尊重为学习的主体。教师应听取学生的意见和建议，尊重他们的选择。

6. 合理规划时间，确保项目顺利进行

在确定项目主题后，教师应根据项目的实际情况合理规划时间，确保项目能在规定时间内完成。时间规划应充分考虑任务的难度、学生的能力和资源的分配等因素。

确定语文项目化学习的主题是整个过程中的重要环节。教师和学生需要明确目标，多元化选择，注重文化传承与创新，关注社会热点，共同决策并合理规划时间。这些策略不仅能提高项目化学习的效果，也能促进学生的全面发展。

（二）分组和团队建设

在语文项目化学习的过程中，分组和团队建设是一项重要的环节。一个成功的分组和团队建设不仅可以提高学生的合作能力和团队合作精神，还能有效地推动项目进程，达到教学目标。

1. 分组策略

（1）合理分配任务。分组时应根据每个学生的特长和兴趣，分配适合的任务。例如，口语表达强的学生可以负责项目报告的陈述，善于组织的学生可以负责协调组内工作，写作能力强的学生可以负责项目的总结和报告等。

（2）公平分配角色。每个学生在小组中都应该有机会扮演不同的角色，以锻炼他们的多方面能力。在角色分配时，要考虑到学生的意愿和能力，尽量做到公平公正。

（3）确保多样性。分组时应尽可能保持小组的多样性，包括性别、性格、学习风格等。多样性有助于学生从不同的角度看待问题，提出更全面的解决方案。

2. 团队建设策略

（1）明确共同目标。在分组后，首先要明确小组的共同目标，让学生明白他们是在为一个共同的目标而努力。目标要具体、可衡量、可达成。

（2）建立信任关系。建立信任关系是团队建设的核心。教师应鼓励学生互相尊重、倾听、理解和支持，共同解决问题。同时，教师也要为学生创造一个安全、积极的课堂环境，让他们敢于表达自己的观点和想法。

（3）培养合作精神。合作是团队成功的关键。教师应教育学生学会倾听、尊重他人意见，学会分享、分担责任。通过小组间的合作和竞争，培养学生的团队合作精神和竞争意识。

（4）制定规则与决策。在团队中，规则和决策的制定是必要的。教师应引导学生讨论并制定小组规则，明确决策流程和决策者的责任。同时，教师也要引导学生学会尊重规则，遵守决策，共同维护团队的和谐与稳定。

3. 实施过程中的策略调整

（1）动态调整分组。在项目实施过程中，应根据学生的表现和需求进行适当的分组调整。对于不适合当前任务的学生，可以重新分配任务或调整到其他小组。

（2）及时反馈与指导。教师应对学生在项目过程中的表现进行及时反馈和指导，帮助学生发现自己的优点和不足，鼓励他们改进和提高。

（3）关注个体差异。每个学生的个体差异是巨大的，教师应关注学生的差异，因材施教，确保每个学生都能在项目化学习中得到充分的发展。

4. 评价与反思

（1）过程性评价与总结性评价相结合。评价应关注学生在项目过程中的表现，包括团队协作、沟通能力、解决问题的能力等。同时也要对项目成果进行评价，确保教学目标的有效达成。

（2）自我评价与他人评价相结合。评价应包括学生自我评价和他人的评价。通过自我评价，学生可以了解自己的优点和不足，通过他人的评价可以获得更全面的反馈和建议。

（3）反思与改进。在项目结束后，教师应引导学生进行反思，总结经验教训，以便在未来的项目中更好地进行分组和团队建设。

在语文项目化学习过程中，分组和团队建设是一项重要的工作。通过合理的分组策略、有效的团队建设策略以及适当的策略调整和评价反思，可以帮助学生更好地适应项目化学习，提高他们的合作能力和解决问题的能力，为他们未来的学习和生活奠定坚实的基础。

（三）收集和组织信息

在语文项目化学习中，学生需要通过收集、组织与分析信息，从而加深对主题的理解，培养其独立思考与解决问题的能力。

1. 收集信息的策略

（1）开放式问题。通过设计开放式问题，鼓励学生深入探索和发掘他们自己生活中的故事、信息和证据，这有助于提升学生的兴趣并增强他们的主动性。

（2）合作式学习。通过小组合作的方式，可以激发学生在信息收集过程中的互动与交流，他们可以从彼此的视角中获取新的信息，从而丰富他们的知识库。

（3）实地考察与观察。鼓励学生参与实地考察或观察活动，以获取第一手的信息。这不仅可以增强他们的观察力和实践能力，还能使他们更深入地理解主题。

（4）利用现代技术。利用现代科技工具，如网络搜索引擎、数据库、社交媒体等，可以扩大信息来源并提高信息收集的效率。

2. 组织信息的策略

（1）分类整理。引导学生将收集到的信息进行分类整理，使其更具条理性和系统性。例如，按照时间、地点、主题等分类方式进行整理。

（2）信息摘要。鼓励学生制作信息摘要，将收集到的信息精简并概括，使其更易于理解和记忆。

（3）建立知识网络。通过建立知识网络，学生可以将各种信息点连接起来，形成一个完整的知识体系。这有助于他们理解主题的全貌，并培养其综合分析的能力。

（4）反思与评价。在组织信息的过程中，引导学生对收集到的信息进行评价和反思，以培养他们的批判性思维。

3.实践案例

假设我们正在进行一个关于"中国传统艺术"的项目化学习。首先，可以通过设计一些开放式问题引导学生收集信息，如"你最喜欢的中国传统艺术是什么？为什么喜欢？"；"中国传统艺术在现代社会中的角色是什么？"；"如何保护和传承中国传统艺术？"等。

在收集到各种信息后，可以引导学生进行分类整理和信息摘要。例如，可以按照艺术类型（如绘画、书法、剪纸等）、历史背景、现代应用等进行分类整理。同时，也可以鼓励学生制作信息摘要，将各种艺术的特点和影响简要概述出来。

在组织信息的过程中，可以引导学生进行对比和评价。例如，可以让他们比较不同艺术形式的特点和影响，分析其优点和不足，以及如何更好地传承和发展。这样不仅能加深他们对艺术的理解，还能培养他们的批判性思维和解决问题的能力。

在语文项目化学习中，信息收集与组织策略是至关重要的。通过上述的策略和方法，可以帮助学生更好地理解主题，提高他们的学习兴趣和主动性，同时也能培养他们的独立思考能力和解决问题的能力。

（四）制订项目计划

项目化学习是一种以学生为中心，以实际问题或项目为基础的学习方式。在语文项目化学习中,制订项目计划是关键的一步,它决定了项目的成功与否。

1. 明确目标与任务

首先,要明确项目的目标和具体任务。目标应当清晰、具体且可衡量,以确保所有参与者都明白他们的目标是什么。任务应当细致且具有可执行性,确保项目的每个阶段都有明确的任务和责任分配。

2. 考虑资源和限制

在制订项目计划时,应充分考虑可用资源和限制。这些资源可能包括时间、资金、设备、人员等。了解这些限制可以合理分配资源和任务,确保项目能在有限的时间内完成。

3. 制定详细的时间表

时间表是项目计划的重要组成部分,它规定了每个阶段的任务应该在何时完成。时间表应尽可能详细,包括每个任务的开始和结束时间,以及可能出现的延迟和备用计划。

4. 建立有效的沟通机制

有效的沟通是项目成功的关键。在制订项目计划时,应建立一个有效的沟通机制,包括定期的会议、电子邮件讨论和在线协作工具等,以确保所有参与者都能及时了解项目的进展,并就任何问题或挑战进行讨论和解决。

5. 建立反馈机制

反馈是项目计划的重要部分,它可以帮助我们了解项目的进展情况,识别问题和需要改进的地方。在制订项目计划时,应建立一个定期的反馈机制,包括对进度、质量、资源和预算的评估,以及对任何偏离计划的调整。

6. 风险管理策略

在制订项目计划时,应考虑可能出现的风险和障碍。这可能包括资源不足、技术问题、参与者的变化等。为了应对这些风险,应制定相应的风险管理策略,如备用资源、备用计划或重新评估项目范围等。

7. 成果展示和评估

最后，应设定明确的成果展示和评估标准。这些标准应该包括预期的结果和质量标准，以及评估的方法和时间点。在项目的各个阶段，应定期检查这些标准，以确保进度和成果符合预期。

8. 灵活性原则

尽管在制订项目计划时需要深思熟虑和全面考虑，但也应该意识到项目的动态性质和变化的可能性。因此，应该始终保持一定的灵活性，以便在项目过程中应对可能的改变和挑战。

语文项目化学习的关键步骤之一就是制订项目计划。一个有效的项目计划需要明确目标、分配任务、考虑资源和限制、制定详细的时间表、建立有效的沟通机制、建立反馈机制、识别并应对风险以及设定明确的成果展示和评估标准。同时，保持一定的灵活性以应对可能的变化也是非常重要的。这样的项目计划将为语文项目化学习奠定坚实的基础，确保项目的成功实施。

（五）实施学习项目

1. 实施策略

（1）明确目标。在实施项目化学习前，需要明确教学目标。这些目标应该具体、可衡量、可达成、具有实际意义和相关联。同时，应考虑学生的年龄、经验和兴趣，确保项目与课程内容紧密相关。

（2）选择合适的项目。根据教学目标，选择适合的项目主题。这些主题应该是有趣的、真实的、有挑战性的，同时与学生生活和社会环境密切相关。教师可以通过讨论、调查和评估确定合适的项目。

（3）分配任务。在分配任务时，教师应考虑学生的能力和兴趣，确保每个学生都能参与并从中受益。任务应该具有层次性，以便不同水平的学生都能有所收获。

（4）给予支持。在项目实施过程中，教师应给予学生必要的支持和指导，包括提供资源、解答问题、监督进度等。同时，教师应鼓励学生互相合作、交流和分享经验。

（5）评估与反馈。项目完成后，教师应组织评估和反馈环节。评估应该基于教学目标和项目目标，考虑学生的参与度、贡献、成果和进步。反馈应该积极、具体和建设性，以帮助学生改进和提高。

2. 具体实施步骤

（1）提出项目主题。教师根据课程内容和学生需求，提出一个具体的项目主题。例如，可以组织学生开展文学作品创作大赛，让他们根据自己的理解进行创作。

（2）学生分组。根据学生的能力和兴趣，将学生分成若干小组。每个小组的人数应该适中，以保证每个成员都有机会参与并发挥自己的特长。

（3）制订计划。各小组根据项目主题和目标，制订详细的计划。计划应该包括任务分配、时间安排、资源需求等。

（4）实施项目。各小组按照计划开始实施项目。在此过程中，教师提供必要的支持和指导，并监督进度。

（5）成果展示。项目完成后，各小组展示自己的成果。这可以是一个作品集、一个演讲或一个展示会。教师和其他学生可以给予评价和建议。

（6）反馈与改进。根据评价和建议，各小组对项目进行反思和改进。这有助于学生更好地理解自己的优点和不足，提高他们的学习效果。

3. 注意事项

（1）教师角色。在项目化学习中，教师的角色不再是知识的传授者，而是支持者和指导者。教师应不断提升自己的专业素养，以便更好地指导学生。

（2）学生参与。确保每个学生都积极参与项目，并从中受益。如果学生遇到困难或问题，教师应及时提供帮助和支持。

（3）合理安排时间。项目化学习需要一定的时间实施和完成。教师应合理安排时间，确保项目能够按时完成并达到预期效果。

（4）评估标准。在评估项目时，应制定合理的评估标准，以确保评估的公正性和有效性。评估标准应该基于教学目标和项目目标，同时考虑学生的参与度、贡献和成果等因素。

语文项目化学习是一种有效的教学方式，它能够提高学生的语文素养和实际应用能力。通过明确目标、选择合适的项目、分配任务、给予支持、评估与反馈等策略的实施，以及具体的实施步骤和注意事项的考虑，可以更好地推进语文项目化学习的开展。

（六）评估和反馈

在语文项目化学习的过程中，评估与反馈是至关重要的环节。它不仅能帮助教师了解学生的学习进度和掌握程度，还能帮助学生发现自己的优点和不足，从而更好地调整学习策略，提高学习效果。

1. 评估策略

（1）过程性评估。在项目化学习的过程中，教师应关注学生的参与度、团队协作、问题解决能力等，这些都可以作为过程性评估的依据。同时，教师还应记录学生在各个阶段的表现，以便于后期进行总结和反馈。

（2）成果评估。项目完成后，教师应根据预设的评估标准，对学生的成果进行评估。这些标准应包括对语文知识的理解和运用、创新性、实用性等方面。同时，教师还应鼓励学生自我评价和互相评价，以提高评估的全面性和客观性。

（3）多元评估。除传统的纸质测试外，教师还可以采用其他评估方式，如口头表达、书面报告、作品展示等。这些方式能更全面地反映学生的能力，也能让学生更积极地参与评估过程。

2. 反馈策略

（1）个别反馈。教师应针对每个学生的特点和需求，提供个性化的反馈。这包括对学生在项目过程中的表现、成果以及学习方法的建议。

（2）集体反馈。教师可以组织学生进行小组讨论，分享各自的学习经验和收获，同时也可以提出问题和困惑。教师在此过程中进行引导和解答，提供集体反馈。

（3）延时反馈。教师应在适当的时候给予学生延时反馈，这有助于学生更好地理解和吸收信息。延时反馈可以是在课后、下一次上课前或者项目完成后的一段时间内。

在语文项目化学习的过程中，有效的评估与反馈策略能帮助教师和学生更好地了解学习情况，调整学习策略，提高学习效果。通过过程性评估和成果评估，教师可以全面了解学生的学习进度和掌握程度；通过个别反馈和集体反馈，教师可以提供有针对性的建议和指导；通过延时反馈，学生可以更好地吸收和理解信息。

教师应鼓励学生自我评价和互相评价，以提高评估的全面性和客观性。同时，教师还应积极探索新的评估方式，如口头表达、书面报告、作品展示等，以适应项目化学习的需要。此外，教师还应注重培养学生的自主学习能力和创新能力，以适应未来社会的发展需求。

总之，在语文项目化学习的过程中，有效的评估与反馈策略是提高学习效果的关键。教师应根据学生的学习情况和需求，灵活运用各种评估与反馈策略，以帮助学生更好地发展自己的潜能和优势。

实施项目化学习需要制订一个明确的计划，明确每个阶段的任务和目标。在项目实施过程中，需要关注学生的进度和质量，并给予必要的指导和反馈。同时，及时进行评估和反馈，确保项目的有效性，为学生的学习和职业发展奠定基础。

二、项目化学习的教学流程

（1）将学生分组，每组4~6人，组成团队；

（2）选题或指定项目：最好每组选一个内容，相互之间不重复；

（3）教师要做到在项目开始时就考虑到各种结果；

（4）时间安排：教师公布项目选题；学生、小组选题；教师和选题小组见面布置进程；

（5）项目实施阶段，完成各类项目作品、评价、展示等一系列任务；

（6）解决阻碍学生完成项目任务的各种问题；

（7）项目教学中的协调、总结等。

三、项目化学习的注意事项及要求

（1）项目涉及的知识和技能在课程标准要求的范围以内；

（2）学生对确定的项目及其结果有着较强的兴趣，项目涉及的内容是学生比较熟悉的；

（3）项目涉及的知识、技能和内容符合最近发展区理论，学生通过主动地探索和学习是有能力完成的。在项目完成过程中，最好能有利于对学生进行情感、态度和价值观的教育；

（4）课前熟悉项目内容并进行深入研究，准备好项目讨论可能涉及的有关知识；

（5）注意与智慧课堂等先进教学手段的协调，介绍项目内容要讲究艺术性，吸引学生的注意力，激发学生学习的积极性和讨论的热情；

（6）在对项目内容进行讨论评估时，教师要尊重学生的成果，切记不要在学生面前评论谁对谁错，项目实施成功与否应看整个过程的进行情况；

（7）学生交流项目实施结果的时候，老师应该耐心听取，不能因为哪个学生讲得不好而有任何不尊重学生的行为，否则学生将会失去信心，导致项目实施失败。

四、对项目化学习的思考

（一）对项目化学习的认识

课堂教学需要变革和发展，教师的任务不再是单一的知识传授，而是引导学生学会学习，提升学生问题解决能力及创新实践能力，以此促进学生基础学习素养的发展。项目化的学习方式为解决这一问题提供了可行性。这种学习方式充满了乐趣，体现了学习的高阶思维。它是以有意义的创造性活动，代替机械的识记、背诵；以互动的人际交流方式，取代传统的讲授；以多元智能的发展，打破单一学科能力的培养。项目化学习更生活化，更有趣味性，更能激发学生的学习兴趣；可以让学生习得审辩式思维，提高合作、交流能力和创造力。当学生直接参与项目的规划和执行时，会更加主动地投入学习中，让课堂产生智慧。在项目化学习中，驱动性问题的提出是项目化学习的重要特征之一，整个项目化学习的设计与活动都基于此，但提出驱动性问题的依据，应该来自学生的实际生活。下面介绍一个有关项目化学习的案例，以加深大家对语文项目化学习的认识。

某校项目化学习负责 A 老师在进行《桂林山水》等写景文章的教学时，对教学安排进行了调整，用单元整合的模式展开教学：以教材内容的学习为载体；以真实情境中的问题解决为导向；学生在任务完成的过程中，学习并掌握课程标准中要求的知识、技能，培养审辩式思维能力。在此基础上，通过小组合作，学生生成个性化的语言和表达形式，对学习成果进行汇报，完成识记—理解—运用—分析—评价—创新的学习过程。

1. 第一步：探究活动

探究活动又分为两个部分：课内指导和合作探究。

（1）课内指导。先是对课文内容的学习。小组充分讨论、准备后，小组成员分工合作，一起汇报课文的学习成果。有的小组基于文本以绘图的形式复述课文内容，每个成员负责一个板块，配合默契；有的小组以思维导图的方式提炼文章内容。表达内容的多样、表达形式的多元、表达需求的踊跃，正是项目化学习带来的充满活力和智慧的语文课堂。然后是全班范围内针对具体研究的问题进行头脑风暴——回顾去过的景区，思考现在什么样的景区才能吸引不同人群。除回忆自己去过的景区、欣赏文中的景区、找到吸引人之处外，讨论如果文章用作宣传够吸引人吗？为什么？

（2）合作探究。介绍合作设计项目。

任务：设计一处新型旅游风景区。

问题：回顾去过的景区的吸引力，思考现在什么样的景区才能吸引不同人群。

这里 A 老师补充了一些学习材料，如《桂林山水》《记金华的双龙洞》《七月的天山》《西湖》等。在课堂中，学生们还要了解观察表如何填写，可以从哪些途径收集素材，对于收集到的大量资料，如何进行关键信息的提取。随后，充分将项目化学习的时空进行延伸。

然后是课外探究。孩子们可以去阅览室、图书馆查阅资料，可以上网查找，可以利用双休日和爸爸、妈妈一起去公园、游乐场等实地观察。

在探究的过程中，学生不仅经历了科学探索，同时也发展了语文素养。学生可以在收集素材时，尝试着提取有效而关键的信息，观察后用符号、涂色、语言描述等方式记录信息，为学生后续的个性化表达做好铺垫。

2. 第二步：个性化书面报告的创作过程

在探究环节结束后，教师引导学生进行个性化书面报告的创作，发展学生的多元智能，让学生像设计师、艺术家一样创作。学生进行分工合作，创作书面报告，并不局限于现有景区的模式，他们有自己独特的见解——景区不一定只有一种模式，它可以是另一种我们想要的模式。学生依托课文，但并不被课本限制思维，而是将课本灵活运用并进行重构创新。在这个项目中，学生的审辩式思维大大提升。在创作书面报告之前，教师给每个小组分配好任务，这样学生在实际的操作过程中才能有的放矢、各司其职。

针对研究问题给学生合理分工（每名成员应担任的角色与工作）。每组设观察员 1 名、组长 1 名、外联 1 名、设计 1 名、文案 1 名。当然，这个任务书有些复杂，只是作为参考，在操作时可以结合自己班级学生的特点进行选择。

3. 第三步：成果展示

众所周知，语文学习关系人的终身发展，发展学生思维，提高学生语言表达能力无疑是语文学习的重要目标。无论是口头表达还是书面表达，都必须经历信息的提取和传达、内容的复现和改造等过程。但在实际教学中发现：小学生，尤其是低年级学生，由于语言积累有限，或缺乏表达的素材，或有了素材但缺少章法，或存在说写脱节的现象。因此，学生在口头或书面表达时，往往会出现语言缺乏灵活性的问题。语文项目化学习通过有趣的探究活动、定量的阅读篇目、多样的表现形式，为学生的表达提供了素材，提供了工具，实现了"言之有物""言之有序"的目标，让表达"困难户"都露出了笑脸。

在展示环节中，特别是宣传部分，学生们灵活运用了设计过程中的信息、阅读材料中看到的内容，日常学习掌握的句式、描写方法、文章结构、写作方法等；在设计环节运用了多种美术手法；在宣传环节结合了多种音乐元素；在解说环节展现了多种语言技巧。无数种的可能让学生在课堂中思维变得活跃。

下面介绍一下在 A 老师的课堂中学生的宣传方案：

（1）填词歌唱宣传。"我看见那座小山那么美丽，溪水荡漾着鱼儿的身影。我躺在花海上面凝视着你，摘下朵花送给你……"

（2）将景区景点设施改编成相声并表演。

（3）海报宣传。

4. 第四步：个性化的评价反馈

从思考、参与、合作等多个维度设计，分为自评、互评、师评，最终形成全面而又适合的标准。

小组汇报结束后，在评价过程中，评价者与交流者面对面直接交流，肯定优点，指出不足，交流者也给予积极的反馈。完全不同于以往的教学形式，学生和教师的角色发生了转变，学习方式也产生了根本性的变化。

在这个过程中，教师使用"语文+"模式。在语文项目化学习中，核心学科是语文，字、词、句、段的学习渗透于每一个阶段、每一个环节中，学生边学习、边积累、边运用。同时，在项目设计中，综合了科学、美术、音乐等学科，充分发挥不同学生的不同特长。从学习能力上，学生尝试通过不同的方式搜集素材、展开观察、提取信息、进行表达。在学习品质上，学生能够对整个项目化学习保持一定的兴趣，充满好奇心，愿意接受挑战，同时还可以通过适度的合作学习加强人际交往。

通过以上案例，我们可以看到，语文项目化学习改变了老师和学生。老师像孩子一样思考，像创造者一样构思，像陪跑者一样引领；学生像科学家一样探究，像艺术家一样创作，像文学家一样表达。

（二）对项目化学习的思考

在语文教学中，学生需要学习关于语言的知识，也需要运用语言来学习，语言本身提供了一种探究与社会性分享的载体。教师和学生共享对语言的运用，习得关于语言的知识，这些方法可以是多样的。

如果我们仅仅通过练习、课本、默写等让学生学习语言，学生的语文学习会变得非常无趣。怎么让学生积极、主动、灵活地学习语文呢？我们引入项目化学习的要素进入语文课，在有限的课时中，通过压缩琐碎的语文知识学习时间，设计真实的情境任务，以语文学习的关键——阅读能力和写作能力为主线，让学生在真实情境中主动学习语文。

项目化学习的核心要素：真实问题驱动、任务设计、合作解决问题、公开的成果表达与讨论……在设计项目化学习的内容时，要引导学生基于真实情境产生文本学习的内动力，引导学生主动提出问题，帮助他们建立真实情境与语文学习之间的联系。学生通过一篇文本的学习，强化对一类文本的学习，生成个性化的语言表达，发现和感受学习的意义和乐趣，培育学习基础素养。

项目化学习给传统语文课堂带来了变革：学生在变——由他主学习转变为自主学习，地位变了；由个体学习转变为合作学习，角色变了；由接受学习转变为探究学习，方式变了；由被动参与转变为积极踊跃，情绪变了；由循规蹈矩转变为天马行空，思维变了。教师在变——由单科学习转变为综合学习，课堂容量变了；由主导学习转变为协同学习，课堂角色变了；由传授知识转变为组织探究，课堂职能变了；由焦虑得失转变为欣然赏识，课堂心情变了。课堂在变——学科特点从单一性向综合性延伸，学习目标从基础性向创造性转变，学习内容从碎片化向连贯性转变，学习方式从随机性向科学性转变，学习成效从散点性向过程性发展。

传统的语文教学，老师讲，学生听，学生处在被动地位，项目化学习则是一种项目整合式的学习，抽取文本的共性。例如，完兴华老师的《玩具总动员》、吴茜老师的《中华传统节日我传承》都是整体去传授，而不是割裂地让学生归纳某一课重点是什么，中心是什么，人物形象是什么。教师若真要做好项目化学习，课程思维很重要。也就是说，教师需要对学科教材进行二次开发，做好课程统整的工作。课题组经过研讨交流，对一至六年级教材中的项目化学习的内容进行了梳理，通过这种单元整合或主题整合的方式，整理出项目化学习的主题：环保与自然、中国传统文化、走近名人等。通过这些主题，将课程标准中涉及的关键概念或核心经验与真实情境中的问题结合起来，使学生的学习更具有生活价值。

在项目化学习中，每个学生都可以探索有意思的话题，真正去解决某个现实中的问题，或者完成既定目标。同学之间通过合作研究问题，给出答案或解决方案，形成高质量的成果，最后把成果展示出来。这一过程需要对材料有深刻的认识和理解，而这正是提高学生项目化学习兴趣的关键——让学生学习那些真正需要知道的东西，并让他们展示自己的学习成果，这比仅仅给学生打个分数要好得多。

用单元整合或主题整合的模式展开教学，以教材内容的学习为载体，以真实情境中的问题解决为导向，学生在完成任务的过程中，教师鼓励学生在学习文本的基础上，再构语言，超越文本，用不同的表达形式汇报学习成果。通过导图分析、生生对话等多种互动式教学活动，充分调动学生自主探究的积极性，使学习语文基础知识与基本技能的过程同时成为学会学习和形成可持续发展的过程。这是课题组研究这一课题的最终目的。

项目化学习给传统语文课堂带来了变革，让教师看到了学生自主合作，积极寻求旧知与新知、个体与社会、自己与他人、文本与互联网之间的联系。我们要在平时的教学中寻找一切课程关联的可能性。我们的课程设计应该是回归学生，回归语文，回归个性……

项目化学习，让表达内容多样、表达形式多元、表达需求踊跃，希望通过我们的努力，让语文课堂充满活力和智慧。

第四节　项目化学习的评价方式

项目化学习中的评价不仅是对项目的"测量",更是对项目实施的一个促进和推动。项目化学习的评价实际就是考查学生的能力发展,将是否可以解决问题作为考查内容,聚焦应用、关注能力、把握学生运用知识的过程。因此,最终的项目成果不是唯一的评价标准,它需要将过程性评价贯穿整个项目学习。凡是有价值的学习结果都应得到肯定的评价,这样能从多方面促进学生多种能力的提升。

一、过程性评价

(一)过程性评价概述

1. 概念

语文过程性评价是一种教育评价方式,它关注学生在学习过程中的表现,包括学习态度、学习习惯、学习进步程度等。它通过观察、记录和分析学生在语文学习过程中的表现,了解学生的学习进展情况,并据此提供反馈和建议,以帮助学生更好地学习语文。它不仅关注学生的最终成绩,更重视学生在学习过程中的成长和进步,是一种更为全面和深入的评价方式。

2. 特征

(1)过程性。过程性评价强调对学生学习过程的关注,它不仅关注学生最终的学习成果,更重视学生在学习过程中的表现和进步。过程性评价有助于教师及时发现学生在学习过程中遇到的问题,并给予及时的反馈和指导。

(2)动态性。过程性评价是一种动态的评价方式。它关注的是学生的学习进步和成长,而不是仅仅关注一次性的考试成绩。这种动态的评价方式能够更好地反映学生的学习情况,及时调整教学策略,以适应学生的学习需要。

（3）反馈性。过程性评价的另一个重要特征是它的反馈性。通过过程性评价，教师可以获取学生对知识的掌握情况、学习方法和学习习惯等方面的反馈信息。这些信息能够帮助教师更好地了解学生的学习需求，从而调整教学策略，提高教学质量。

（4）多元化。过程性评价的另一个重要特点是它的多元化。它不仅包括传统的考试和测验，还包括观察、作业、讨论、项目等多种形式。这种多元化的评价方式能够更全面地反映学生的学习情况，同时也能帮助学生更好地了解自己的学习状况，从而调整自己的学习方法。

3. 方法

（1）观察法。教师通过观察学生在课堂上的表现，以及在课后作业、测验、项目任务等过程中的表现，评估学生的学习进展。这种方法可以帮助教师及时了解学生的学习状况，并及时提供反馈和建议。

（2）互动交流。教师可以通过与学生进行一对一或小组的交流，了解学生的学习情况，并给予及时的反馈和建议。这种方法可以帮助学生更好地理解自己的学习状况，并调整自己的学习策略。

（3）档案袋。教师可以通过建立学生的语文学习档案袋，记录学生在学习过程中的表现和进步，如作业、测验、项目成果等。这种方法可以帮助教师全面了解学生的学习状况，并为后续的教学提供参考。

（4）问卷调查。教师可以通过设计问卷调查，了解学生对语文学习的态度、习惯和需求，以便更好地满足学生的学习需求。这种方法可以帮助教师更好地了解学生的特点和学习风格，以便提供更加个性化的教学服务。

语文过程性评价是一种全面的、动态的评价方式，它关注学生在学习过程中的表现和进步，并提供及时、具体的反馈和建议。通过运用多种方法，教师可以更好地了解学生的学习状况，并提供更加有效的教学服务，帮助学生更好地学习语文。

（二）项目化学习过程中过程性评价的嵌入

1.项目过程的检测——自评单

在小学语文项目化学习中，过程性评价的嵌入对于提升学生的学习效果和兴趣至关重要。过程性评价不仅关注学生的学习成果，还注重他们在项目过程中的表现和成长。在小学语文项目化学习中，自评单是一种非常有效的过程性评价工具，它帮助学生自我检测在项目过程中的表现。

（1）自评单的定义

自评单是学生在项目化学习过程中自我评价的工具，主要用于检测项目进展情况，并帮助学生对自己的学习过程进行反思和调整。它通常包括学生的自我评估、自我反思以及自我调整等内容。学生应根据自己的实际表现，填写自评单，同时还可以参考教师和同伴的评价，以获得更全面的反馈。通过自评单的形式，学生能够了解自己在项目过程中的表现，反思自己的优点和不足，并据此调整学习策略。

（2）自评单的设计

自评单的设计通常基于学生的学习目标、项目内容以及学习过程中的关键事件。在设计过程中，教师需要考虑到学生的年龄、认知水平和语文学科的特点，确保自评单的简洁明了、易于理解。此外，教师还需要提供一些具体的评价标准，以便学生进行自我评价。

（3）自评单的内容

①项目进展情况。学生需要评估自己在项目中的参与程度，如是否按时完成任务、是否积极参与讨论等。

②知识技能掌握情况。学生需要评估自己在项目中所涉及的知识点和技能是否掌握，是否能够灵活运用。

③自我反思。学生需要思考自己在项目过程中的表现，是否达到了预期的目标，是否有需要改进的地方。

④自我调整。学生需要根据自我反思的结果，提出下一步的改进计划，

以更好地完成项目。

（4）自评单的优势

①增强学生的自我意识和自我管理能力。通过自评单，学生可以更好地了解自己的学习情况，并及时进行调整和改进，增强自我意识和自我管理能力。

②提高学生的学习积极性和主动性。学生可以根据自评单的结果，及时发现自己的不足，并主动寻求帮助和改进，从而提高学习的积极性和主动性。

③促进学生的全面发展。自评单不仅关注学生的知识技能掌握情况，还关注学生的情感态度、价值观等方面的表现，有助于促进学生的全面发展。

④为教师提供反馈和指导依据。教师可以通过自评单，了解学生的学习情况，为下一步的教学提供反馈和指导依据。

过程性评价和自评单在小学语文项目化学习中具有重要的作用。通过过程性评价，教师可以及时发现和解决学生在学习过程中遇到的问题，以促进学生的全面发展。而自评单则可以帮助学生了解自己在项目过程中的表现和收获，并制订相应的改进计划。因此，我们应该在小学语文项目化学习中更多地应用过程性评价和自评单，以提高学生的学习效果和综合素质。

（5）小学语文项目化学习中项目过程检测案例

1. 项目名称

以"我是环保小卫士"为主题的项目活动

2. 项目背景

在小学语文教学中，项目化学习是一种重要的教学方式，它能够让学生在实践中学习知识，提高解决问题的能力。以"我是环保小卫士"为主题的项目活动，旨在通过学生参与环保实践活动，增强学生的环保意识，提高学生的综合素质。

3. 项目过程

（1）制订环保计划。学生分组讨论环保措施，制订出可行的环保计划。

（2）实践环保行动。学生按照计划，在校园内外开展环保实践活动。

（3）成果展示。学生将实践成果进行展示，分享环保经验。

4. 自评内容

（1）参与度。是否积极参与项目活动，与其他同学协作完成任务。

（2）任务完成情况。是否按照计划完成了环保实践活动，是否达到了预期目标。

（3）技能提升。在项目活动中，是否增强了自己的环保意识，掌握了相关的技能。

（4）团队协作。是否与团队成员协作良好，共同完成了任务。

（5）创新性。在项目活动中，是否提出了新的环保措施或方法。

（6）反思与改进。项目结束后，是否对本次活动进行了反思，并提出了改进意见。

5. 自评方法

（1）自我评估。根据自评内容，对自己的表现进行评估。

（2）他人反馈。向老师、家长或同学征求意见，获取更多的反馈意见。

（3）对比其他同学的表现。与其他同学进行对比，找出自己的优势和不足。

6. 改进措施

根据自评结果和他人反馈，制定出具体的改进措施，如加强团队协作能力、提高创新思维能力等。同时，也要将改进措施落实到日常学习生活中，不断提高自己的综合素质。

通过自评单的填写，学生能够对自己的项目过程进行全面、客观的评估，找出自己的优势和不足，并制定出具体的改进措施。这有助于提高学生的综合素质，促进学生的全面发展。同时，自评单也可以作为教师评价学生项目过程的重要依据，为今后的教学提供参考。

2. 合作学习的监控——协商单

在项目化学习的过程中，需要小组成员之间的相互协商，合作学习。教师可采用协商单的形式进行合作学习的监控。协商单是用于引导学生在合作学习过程中进行协商和讨论的工具。它可以帮助学生在面对问题时，进行有目的、有结构的讨论，从而达成共识、解决问题。协商单通常包括一些开放性问题，旨在引导学生思考、表达自己的观点，并倾听他人的意见。

在小学语文项目化学习中，合作学习是其中一项重要的教学方法。然而，在合作学习过程中常常存在许多问题，如小组内成员间的交流不畅、参与度不均衡等。为了解决这些问题，我们需要引入一种有效的监控机制——协商单。协商单的设计和使用旨在提高小组合作学习的有效性，确保小组成员之间的相互沟通和协商。在小学语文项目化学习中，小组成员相互协商合作学习是关键的一步。为了更好地监控合作学习的过程，采用协商单的形式是一种有效的方法。

（1）协商单的内容

协商单是用于监控小组合作学习过程的一种工具，其内容应该涵盖以下几个方面。

①项目目标

项目开始之初，要明确项目的目标。目标应当具体、明确，同时具有一定的挑战性，能够激发学生的学习热情和兴趣。在协商单中，学生需要列出项目预期达到的学习目标，这有助于他们后续的讨论和决策。

②任务分配

任务分配是项目化学习中的重要环节。小组成员需要明确各自的任务，以确保每个人都清楚自己的职责。在协商单中，学生需要列出每个成员的任务，并说明任务的完成标准和时间节点。

③讨论记录

讨论是项目化学习中不可或缺的一部分。通过讨论，学生可以交流想法、分享观点，并最终形成决策。在协商单中，学生需要记录每次讨论的内容，包括讨论的主题、参与人员、讨论的结论等。这有助于教师了解学生的学习过程，并及时给予反馈和指导。

④决策过程

在项目化学习中,决策是至关重要的。小组成员需要共同商议、权衡各种因素,最终做出决策。在协商单中,学生需要详细记录决策的过程,包括各种因素的考虑、决策的理由等。这有助于学生回顾自己的决策过程,总结经验教训。

⑤反思总结

反思总结是项目化学习中的重要环节,也是过程性评价的重要组成部分。学生需要定期对自己的学习过程进行反思和总结,包括自己的优点和不足,以及如何改进。在协商单中,学生需要写出自己在项目化学习中的收获和感悟,以及需要改进的地方。教师和同学也可以提供反馈和建议,帮助学生更好地成长。

在小学语文项目化学习中,过程性评价的嵌入和小组成员之间的相互协商合作学习是十分重要的。通过使用协商单的形式监控合作学习的过程,学生可以更好地了解自己的学习进度和效果,教师也可以更好地了解学生的学习情况,并及时给予指导和帮助。这不仅有助于提高学生的学习效果,也有助于培养学生的综合素质和创新能力。

(2)协商单的设计

①协商单的设计原则

第一,明确性。协商单应该明确列出需要讨论和解决的问题,以确保所有小组成员知道他们应该关注什么。

第二,具体性。协商单应该尽可能具体,避免使用模糊的语言,以便所有小组成员能理解并达成共识。

第三,开放性。协商单应该包含一些开放性的问题,以便小组成员可以自由讨论并表达自己的观点。

第四,时间限制。协商单应该明确规定讨论的时间限制,以确保所有小组成员有机会表达自己的观点,并达成共识。

②协商单设计的注意事项

第一,确保所有小组成员理解协商单的目的和内容,以便他们能够积极参与讨论。

第二,确保协商单中的问题具有实际意义,能够激发小组成员的讨论兴趣。

第三,鼓励小组成员在讨论过程中积极倾听他人的观点,并尊重彼此的意见。

第四,在讨论结束后,确保所有小组成员理解并同意协商单上的结论或建议。

在小学语文项目化教学中,过程性评价是非常重要的。通过使用协商单的形式,小组成员可以更好地监控合作学习的过程,并及时调整自己的行为和态度。此外,通过协商单的形式,教师也可以更好地了解学生的学习情况,从而及时给予指导和帮助。最终,这样的方法将有助于提高学生的参与度和合作能力,增强他们的批判性思维和创新精神。因此,教师应该在实际教学中积极应用这种方法,以提高小学语文项目化教学的质量和效果。

协商单的设计和使用可以为小组合作学习提供有效的监控和评价机制,促进小组成员之间的沟通和协商。同时,教师应对小组成员的学习过程给予充分的关注和支持,以确保合作学习的高效性和有效性。此外,教师还可以根据协商单的反馈结果进行针对性的指导,提高学生的学习能力和合作意识。总之,协商单在小学语文项目化学习中具有重要的作用,有助于提高合作学习的质量和效果。

在设计协商单时,教师需要考虑学生的年龄、认知水平和语文项目化学习的具体内容。问题应具有层次性,能够引导学生逐步深入思考,同时也要具有开放性,鼓励学生表达自己的观点。此外,协商单还应包含一些反馈机制,以便学生能够记录和反思自己的思考过程和讨论结果。

在设计协商单时,首先要明确学生的学习目标,然后再根据目标设计具体的评价内容。在项目进行的过程中,学生可以根据协商单上的问题进行自我评价和团队之间的讨论，进而实现对学习过程的全面监控。

（3）协商单的应用

在协商单中，可以通过设计以下问题监控学生的项目进展。

①你是否理解了项目的主题？

②你的团队是否明确了各自的角色和任务？

③你们是否在项目中进行了有效的沟通？

④你们是否遇到了什么问题，又是如何解决的？

⑤你们对项目的成果是否满意？

⑥你们是否分享了你们的收获和经验？

通过这些问题，可以了解学生的学习情况，及时发现并解决问题，确保项目能够顺利进行。

3. 阶段学习成果的总结——分享单

项目化学习一般需要经历两至三周，历时较长，所以学生进行一段时间的学习后，教师要在班级进行阶段学习成果的总结。为了更好地展示项目化学习成果，教师可采用分享单的形式进行合作学习分享、总结和反思。

（1）分享单的内容

在小学语文项目化学习的过程中，分享单是一个非常实用的工具，它能帮助学生们分享他们的学习成果，总结他们的经验，并反思他们在项目过程中的得失。分享单的内容可以包括以下几个方面。

①项目概述。学生需要简单描述他们的项目是什么，目的是什么。

②过程回顾。学生需要描述他们在项目过程中的主要活动，以及他们在这些活动中的角色和责任。

③知识技能掌握情况。学生需要总结他们在项目中学到了哪些新的知识和技能，以及他们如何应用这些知识和技能。

④困难与挑战。学生需要列出他们在项目过程中遇到的困难和挑战，以及他们是如何解决这些问题的。

⑤反思与总结。这是最重要的部分，学生需要反思他们在整个项目过程中的表现，包括他们的优点和不足，以及他们从中学到了什么。

⑥未来计划。学生需要描述他们对未来项目的期望和计划。

（2）分享单的设计步骤

设计分享单时，需要考虑几个关键因素：清晰的结构、易于理解的语言、适当的视觉元素和互动性。以下是设计分享单的步骤。

①明确目标。需要明确分享单是为了什么目的而设计的。是为了评估学生的学习成果，还是为了帮助他们反思和改进。

②确定结构。一个好的分享单应该有明确的开始和结束部分，中间部分应该按照一定的逻辑顺序排列。一般来说，开始部分可以包含一些引导性问题，结束部分可以包含一些开放性问题让学生写下他们的总结和反思。

③使用图像和图表。视觉元素可以帮助增强分享单的可读性和吸引力，如可以使用流程图或时间线展示项目的过程。

④互动性。分享单应该鼓励学生参与并表达他们的观点。可以设计一些互动环节，如小组讨论或者个人反思等。

⑤反馈与修改。在分享单设计完成后，可以邀请一些学生或教师进行测试，收集反馈并进行必要的修改。

一个好的分享单应该能够帮助学生清晰地表达他们的学习成果，反思他们的学习过程，并从中获得宝贵的反馈。这样的工具可以帮助教师更好地理解学生的学习情况，并为他们提供必要的反馈和建议。

（3）分享单的设计原则

①目标明确。分享单的设计应围绕项目化学习的目标进行，确保学生能够明确自己的学习成果和目标。

②内容具体。分享单的内容应具体、详细，能够全面展示学生的学习成果和经验，包括知识、技能、态度等方面的收获。

③结构合理。分享单的结构应合理安排，方便学生和教师进行阅读和评价。

（4）分享单设计的注意事项

①真实有效。学生的分享内容应真实有效，避免虚假或夸大的表述。同时，教师应对学生的分享内容进行核实和评价。

②全面评价。分享单应包括学生自评、小组互评和教师评价三个部分，确保评价的全面性和客观性。

③互动交流。分享单的设计应注重互动交流，鼓励学生相互学习、借鉴和反思，以便更好地提高自己的学习效果。

通过分享单的形式进行合作学习分享、总结、反思，有助于学生更好地总结自己的学习成果和经验，同时也有助于教师更好地了解学生的学习情况和需求，以便更好地指导学生的学习。此外，学生还可以根据分享单的内容进行反思和总结，寻找自己在学习过程中的不足之处，并提出改进意见，为未来的学习和成长打下坚实的基础。

在小学语文项目化教学中，通过分享单的形式进行合作学习分享、总结、反思是一种有效的过程性评价方式。这种评价方式能够全面客观地评价学生的学习成果和经验，同时也能够帮助学生更好地发现自己的不足之处并寻求改进。在今后的教学中，应继续探索和应用更多的评价方式，以提高学生的学习效果和兴趣。

（三）小学语文项目化学习过程性评价的实施策略

1.建立评价体系

建立科学合理的评价体系是实施过程性评价的基础。这个评价体系应该包括多个评价维度，如学生的知识掌握情况、技能水平、情感态度、价值观等。在评价过程中，教师需要关注学生的个体差异，根据学生的特点制定不同的评价标准和方法。同时，教师还应该鼓励学生自我评价和互相评价，让学生成为评价的主体，增强他们的参与感和责任感。

2.关注个体差异

每个学生都是独一无二的个体，他们在学习能力和兴趣爱好等方面存在差异。因此，在实施过程性评价时，教师应该关注学生的个体差异，尊重学生的个性发展。教师可以通过与学生进行交流、观察学生的表现等方式，了解每个学生的特点和需求，从而制定更加具有针对性的评价方法和策略。

3.建立成长记录袋

成长记录袋是记录学生学习过程和成果的重要工具，也是实施过程性评价的重要手段。教师可以通过成长记录袋，记录学生在项目化学习过程中的表现、成果等，从而全面了解学生的学习情况和进步。同时，成长记录袋还可以鼓励学生反思自己的学习过程，发现自己的优点和不足，从而更好地调整自己的学习方法和策略。

4.注重情感态度和价值观的评价

情感态度和价值观是学生学习的重要组成部分，也是衡量学生学习成果的重要标准。在实施过程性评价时，教师需要注重对学生情感态度和价值观的评价，关注学生的心理健康和人格发展。教师可以通过观察学生的表现、与学生进行交流等方式，了解学生的情感态度和价值观，从而给予学生适当的鼓励和支持，帮助他们树立自信心和正确的人生观、价值观。

在小学语文项目化学习中实施过程性评价，需要建立科学合理的评价体系、关注学生的个体差异、建立成长记录袋并注重情感态度和价值观的评价。这些策略的实施不仅可以提高学生的学习效果，还可以促进学生的全面发展。教师在实施过程中需要不断探索和创新，以适应不同学生的学习需求和特点。同时，学校和家长也应该给予积极的支持和配合，共同促进学生的健康成长。

二、终结性评价

终结性评价主要在项目成果完成后进行，它以整个项目活动过程为评价对象，并以量化的形式进行。评价内容包含项目成果的质量、小组的协作情况、自己的学习过程以及对教师的评价等。

教师结合评价量表中不同的评价项，评选出优秀的小组以及优秀项目作品等。这既是对学生劳动成果的肯定，又是对学生学习过程的反馈。通过终结性评价，教师还可以检验整个项目活动的成效，明晰学生在各个教学目标上的达成情况。例如，《青史留名多俊杰》项目化学习成果展示后，教师根据评价量表以及各项评价标准，可评选出"最佳创意奖""最佳表演奖"和"最佳合作奖"等奖项，教师以给各小组颁发奖状的形式进行终结性评价。

在终结性评价中，教师还要把握好以下几个度。

（一）提升终结性评价的温度

以改变传统学习方式为目标的项目化学习，倡导自由民主的学习形式，在相对宽松的学习空间中学生知识素养和综合能力得到提升。评价不要局限于一支笔和一张纸，更不是一句可有可无的点评，而是伴随着学习的过程而产生的、对学习能起到促进作用的、对师生的教与学能起到激励作用的一种形式。在项目化学习中，应开展积极有效的师生、生生对话式评价。通过对话，交流心得、分享经验、指出不足、修正改进。这种通过对话进行的评价，能够提升终结性评价的温度，加强师生、生生之间的交流沟通，对于项目化学习具有积极的推进作用。

课题组成员鲁永超老师在五年级上册《推荐一本好书》项目化学习成果展示中，每一小组成果展示完，教师先让这一组的组长简单地谈一下自己小组在整个项目化学习中遇到的困难、怎样解决的、在活动中的收获、活动中最难忘的事情等。然后再让其他小组的同学对这一小组的展示情况进行点评，可以谈自己观看后的收获，也可以谈自己的意见和建议等。在这样的对话中，学生思维被打开，对话和交流也不仅仅停留于表面、拘泥于形式。这种氛围下的对话，让评价不仅具有"评判"的一面，更有了有"温度"的一面，让评价变得温情可人，对项目的开展起到了积极的推进作用。

（二）延展终结性评价的广度

项目化学习的终结性评价不是一个简单的结果，除要对学习成果做出诊断和反馈外，还要对学生在自主、合作、探究学习中表现出的非智力因素进行评价。评价学生的人文精神、学习品质、思维品质，通过评价培养学生敏锐的观察力、活跃的思维力和高效的学习力。在项目化学习评价中需要关注整个过程中的学习内容，需要聚焦"整个人"的多向发展。只有这样的评价才能让学生除知识的学习外，更有方法和技巧的掌握、态度和情感的转变以及能力和素养的提升。

在二年级上册《我眼中的春天》项目化学习中，我们引导学生通过运用自己的方法去找春天、观察春天，把春天留下来。在项目开展的进程中，教师带领学生走进公园倾听春天的声音、走进田野观察春天的颜色、走进厨房品尝春天的味道。伴随着一次次的体验，教师要求学生通过思维导图、绘画、音频制作、诗歌创作等完成一次次的阶段性自我学习评价。在此评价过程中，不仅要关注和项目有关的内容，更要引导学生对自然、对情感、对人生的思考。这些非智力因素的生成，将学习过程转化为熔炼学生精神品质的过程，让评价的意义在人的成长中不断延伸，让评价的内容超越项目本身，延展了终结性评价的广度。

（三）推进终结性评价的深度

项目化学习中的终结性评价不仅是一个"测量"的机会，更是一个促进学生深入学习的契机。在项目化学习中，终结性评价除了是对研究成果做出诊断和反馈之外，也可以看作是一种特殊的研究形式，在评价的过程中讨论、交流、互相补充，以此完善原本的设计方案。这样的终结性评价，体现了学生研究的本质，也更加体现出项目化学习的本质。在研究性的评价中，学生敏锐的观察力、活跃的思维力、新颖的设计力很容易被激发出来。

项目化学习的终结性评价，要关注学生的高阶能力、社会交往能力、学习结果与学习过程，更重要的是反映学生在学习过程中的真实表现，聚焦学生的知识掌握、关注学生的行为表现和研究学生素养能力。项目化学习的终结性评价，不但可以推进评价的深度，也可以让学生素养在学习中得到提升。

三、增值评价

课程标准在评价中提到了"增值评价"。增值评价是国际上前沿的教育评价方式,不以学生的考试成绩作为唯一标准,而是将学生在发展过程中的进步作为评价的尺度,关注学生个体的进步幅度。在项目化学习的评价中,我们强调增值评价,把目光投向了一个个活生生的人,更加关注项目学习中的学生个体。在项目化学习的过程中,我们关注每一个小组学生个体的进步幅度,及时在课堂上进行表扬和鼓励。

在对学生的评价过程中,教师要注意尊重学生的个性,鼓励学生学习,激发其积极性。教师要从学生的视角,对学生个体的学习结果进行充分肯定。尊重学生个体差异,重视对学生个体的过去和现在,将学生项目学习前、项目学习中和项目学习后的学习情况进行纵向比较,对每一个学生的进步及时给予表扬和鼓励。这样的增值评价,既能适应每一位学生的学习需要,满足学生的愿望,又能激发学生的学习兴趣,让学生体验到自己的成功,感觉到自己的进步,增强学生的学习内驱力,以饱满的激情投入到项目的学习之中,得到自主发展。

四、线上评价和线下评价相结合

课程标准指出,鼓励有条件的地区和学校采取信息技术手段丰富评价资料搜集和分析的途径。在项目化学习的评价中,可以借助先进的教学手段,实现线上评价和线下评价相结合。

例如,在四年级上册《青史留名多俊杰》项目化学习中的"微电影表演艺术节"这个板块,教师可以利用视频会议的形式进行各小组的成果展示。家长可以在线上观看学生的小组汇报表演,然后以"问卷星"的方式进行线上评价,在评价一栏写上相应的奖项(在奖项后打钩即可),最终通过颁发《青史留名多俊杰》项目化学习获奖证书进行评价。

又如在六年级下册《月之韵》项目化学习中,主要通过每个小组学生在线上交流、讨论、发表意见建议的次数、质量，上传音频、视频、文字材料的次数、质量，上传的项目化学习小组活动方案和阶段性活动总结的完成情况等，进行小组自评和互评。这样，学生在做完某一阶段活动之后能够及时知道自己的完成情况，能够根据大家的评价对自己和小组的活动进行修正和调整，还可以有针对性地重听、重看某一部分内容，进行新的思考。

小组自评和互评可以通过在线表格的方式，由各小组在线上填写。这样自评和互评的结果老师和所有学生都能看到，既公平公正，又能让每个小组根据每一阶段的评价及时调整活动任务和项目化学习情况。

线下评价和线上评价相结合，让项目化学习评价的方式和手段更加多元化。

第二章

语文写话、习作教学

第一节　写话教学目标和教学内容

一、写话教学概述

（一）写话教学的定义

写话教学，即口头语言的表达转化为书面语言的表达，是小学语文教学的重要组成部分。它主要通过引导学生在日常交流中学会倾听、理解和表达，进一步培养学生的写作能力。

（二）写话教学的特点

1. 由口头到书面的转化

在小学语文写话教学中，学生常常会在口头表达上遇到困难。教师应当及时给予指导和帮助，使学生能够顺利地过渡到书面表达。教师应当引导学生多进行口头练习，从简单的口头造句、描述图片开始，逐步过渡到能够写一段连贯的话。这个过程需要耐心和细心的指导，因为学生在口头表达和书面表达之间存在一定的差距，需要教师耐心地引导和纠正。

2. 循序渐进的教学过程

写话教学是一个循序渐进的过程，教师应当根据学生的实际情况和接受能力，制订出适合他们的教学计划。在教学过程中，教师应当注重培养学生的观察力和想象力，让他们能够从日常生活中发现写作素材，并能够运用恰当的词汇和句式表达自己的想法。同时，教师也应注重培养学生的写作技巧，如分段、标点符号的使用等。通过循序渐进的教学过程，学生能够逐渐掌握写作技巧，提高写作水平。

3. 培养学生的观察力与想象力

观察力和想象力是写作的重要因素。在写话教学中，教师应当注重培养学生的观察力和想象力，让他们能够从日常生活中发现写作素材，并能够运用恰当的词汇和句式表达自己的想法。教师可以通过组织观察活动、开展故事会等方式培养孩子们的观察力和想象力。同时，教师也应鼓励孩子们多阅读、多思考，积累词汇和素材，提高写作水平。

小学语文写话教学具有由口头到书面的转化、循序渐进的教学过程以及培养学生的观察力和想象力等特点。通过这些特点的实施，能够提高孩子们的写作水平，培养他们的写作兴趣和能力。同时，教师也应注重自身的素质和教学技能的提高，以更好地指导孩子们进行写话学习。

（三）写话教学对小学低年级学生的意义

在小学语文教学中，写话教学是低年级学生必须面对的一个重要环节。对于低年级学生来说，写话既是他们语言表达能力的重要体现，也是他们写作基础、观察力与想象力的培养过程。同时，写话教学还能促进学生的思维发展，为他们未来的语文学习打下坚实的基础。

1. 提高语言表达能力

低年级学生正处于语言发展的关键期，写话教学为他们提供了一个良好的表达平台。通过写话，学生可以锻炼自己的语言组织能力，提高语言表达的准确性和流畅性。在写话过程中，学生需要思考如何用恰当的词语和句子表达自己的想法，这有助于他们形成良好的语言习惯。

2. 培养写作基础

写话是写作的基础，通过写话教学，低年级学生可以逐渐掌握写作的基本技巧和方法。在写话过程中，学生需要学会如何谋篇布局，如何运用各种修辞手法，如何表达自己的思想感情等。这些技巧和方法的培养有助于他们为未来的写作打下坚实的基础。

3. 培养观察力与想象力

写话教学不仅要求学生用文字表达自己的想法，还需要他们关注生活中的细节，善于观察和发现。通过写话，学生可以逐渐培养自己的观察力和想象力，学会从不同的角度观察和思考问题。这种观察力和想象力的培养有助于他们更好地理解和感受生活，为未来的学习和工作打下坚实的基础。

4.促进思维发展

写话教学不仅是对学生语言表达、写作基础和观察力、想象力的培养，更是对学生思维发展的促进。在写话过程中，学生需要思考如何组织语言、如何谋篇布局、如何表达自己的思想感情等，这些思考过程有助于锻炼学生的思维能力，促进他们的智力发展。

小学语文写话教学对低年级学生的意义重大。它不仅有助于提高学生的语言表达能力、培养他们的写作基础、观察力和想象力，还能促进学生的思维发展。因此，教师应当重视写话教学，采用多种教学方法和手段，激发学生的学习热情和兴趣，帮助他们更好地掌握写话技巧和方法，为未来的语文学习和工作打下坚实的基础。

二、一年级写话教学目标和教学内容

（一）教学目标

（1）对写话有兴趣，能写自己想说的话。

（2）能观察简单的图画和事物，把一句话写完整、写通顺。

（3）乐于运用阅读和生活中学到的词语。

（4）学习使用句号、问号和感叹号。

（二）教学内容

（1）观察简单的图画，完整、通顺地写一句话。

（2）观察周围的事物，完整、通顺地写一句话。

（3）运用课文中和生活中学到的词语。

（4）写句子时正确使用句号、问号、感叹号。

三、二年级写话教学目标和教学内容

（一）教学目标

（1）留心周围事物，积累写话素材，对写话有兴趣。

（2）能通顺、连贯地写几句话。

（3）学写简单的实用文，做到语言通顺、格式规范。

（4）运用所积累的词句，正确使用逗号、句号、问号、感叹号。

（二）教学内容

1. 写几句话

（1）观察一幅或几幅图，通顺、连贯地写几句话。

（2）观察一样事物，通顺、连贯地写几句话。

（3）根据自己生活中的见闻，通顺、连贯地写几句话。

2. 书面转述

（1）把听到的事情通顺、连贯地记叙下来。

（2）通顺、连贯地书面转述短小故事。

3. 写实用文

（1）运用规范的格式、得体的语言写通知。

（2）运用规范的格式、得体的语言写借条、留言条。

（3）运用规范的格式、得体的语言写日记或周记。

4. 运用写话策略

（1）运用积累的词语和句子。

（2）正确使用逗号、句号、问号和感叹号。

（3）写话时学习使用字典。

第二节　习作教学目标和教学内容

一、习作教学概述

（一）习作教学的定义

小学语文习作教学，即教师引导学生运用文字表达思想、情感和见闻的教学活动。它涵盖了写作技巧、语言运用、思维训练等多个方面，旨在培养学生的写作兴趣，提高他们的写作能力。

（二）小学语文习作的特征

（1）综合性。小学语文习作教学具有综合性特征，它涉及语言、文学、思维、审美等多个领域。教师在教学过程中，需要运用多种教学方法和手段，引导学生从多个角度思考和表达。

（2）实践性。习作教学是一种实践性很强的教学活动。学生需要通过不断的写作实践，逐渐掌握写作技巧，提高写作能力。教师在教学过程中，应为学生提供足够的写作机会，并给予适当的指导。

（3）互动性。习作教学是一种互动性的教学活动。教师需要与学生进行充分的交流和互动，了解他们的写作思路和困难，给予及时的指导和帮助。同时，学生之间也需要进行交流和讨论，相互学习、共同进步。

（4）创新性。在习作教学中，教师需要鼓励学生打破思维定式，勇于创新。通过引导学生观察生活、体验情感、拓展思维，培养他们的创新意识和创新能力。

（三）小学语文习作教学对高年级学生的意义

习作教学是小学语文教学的重要组成部分，它不仅关系到学生语文能力的提高，还关系到学生综合素质的培养。对于高年级学生来说，他们已经掌握了一定的语文基础知识，具备一定的语言表达能力。因此，加强习作教学，可以进一步提高学生的语言运用能力，培养学生的思维能力、创造能力和观察能力，为学生的全面发展打下坚实的基础。

小学语文习作教学对高年级学生的意义如下。

1. 提高学生的语言运用能力

语文是语言和文字的结合，习作是语言表达的体现。在小学高年级阶段，学生已经具备一定的语言基础和表达能力，习作教学能够帮助学生进一步理解和运用语言，提高他们的语言运用能力。

（1）培养学生的写作技巧。习作教学可以通过引导学生掌握写作技巧，如文章结构、段落安排、语言表达等，帮助学生更好地表达自己的思想和情感。

（2）丰富学生的词汇量。通过大量的阅读和习作练习，学生可以不断积累词汇，丰富自己的语言表达。

（3）提高书面表达能力。习作教学还可以帮助学生提高书面表达能力，使他们能够更准确地表达自己的意思。

2. 培养学生的思维能力

思维能力是人们运用分析、综合、比较、抽象、概括等思维方法，对客观事物进行间接、概括的反映能力。在小学语文习作教学中，学生的思维能力和想象力可以得到很好的锻炼和发展。

（1）激发学生的想象力。习作教学可以通过引导学生观察、思考、想象等方式，激发学生的想象力，帮助他们更好地表达自己的思想。

（2）培养学生的分析能力。在习作教学中，教师可以通过设置问题、分析案例等方式，引导学生分析问题、解决问题，从而培养他们的分析能力。

3. 培养学生的创造能力

创造能力是指人们在创造性解决问题的过程中所表现出的主体性心理特

征，是创新能力的一个重要方面。在小学语文习作教学中，学生可以通过不断尝试新的表达方式、新的写作手法等方式，培养自己的创造能力。

（1）鼓励创新思维。教师在习作教学中应该鼓励学生大胆尝试新的表达方式和方法，让他们敢于创新、敢于表达自己的想法。

（2）培养创新精神。教师可以通过设置一些具有挑战性的习作题目，引导学生独立思考、勇于探索，培养他们的创新精神。

小学语文习作教学对高年级学生的意义重大。它不仅可以提高学生的语言运用能力，培养学生的思维能力，还可以培养学生的创造能力。因此，我们应该重视小学语文习作教学。通过科学的教学方法和手段，帮助学生更好地发展自己的语言运用能力、思维能力和创造能力。

二、三年级习作教学目标和教学内容

（一）教学目标

（1）观察周围世界，积累感兴趣的材料。

（2）能按要求连贯地写一段话，把意思写清楚。

（3）写简短的童话，学写日记、书信等实用文。

（4）习作时尝试运用有新鲜感的词句。

（5）根据表达需要学习使用冒号、引号。

（6）学习修改自己习作中有明显错误的词句和标点。

（7）在40分钟内能完成不少于100字的习作。

（二）教学内容

1. 写一段话

（1）根据一幅或几幅图通顺、连贯地写一段话。

（2）根据观察到的事物，通顺、连贯地写一段话。

（3）根据生活中的见闻，通顺、连贯地写一段话。

（4）围绕一个意思，把话写清楚、写具体。

（5）展开想象写简短的童话。

（6）运用承接、并列、因果等方式写一段话。

2. 写实用文

（1）运用规范的格式、得体的语言写日记。

（2）运用规范的格式、得体的语言写信。

3. 书面转述

（1）按要求改写课文（片段）。

（2）根据文章的表达形式按要求仿写。

4. 运用习作策略

（1）在阅读和生活中积累习作素材。

（2）主动运用积累的词语和句子。

（3）正确使用逗号、句号、问号和感叹号，学习使用冒号、引号。

（4）习作时学习使用词典（如《新华字典》《现代汉语词典》等）。

5. 修改习作

（1）从词句、标点等方面修改自己的习作。

（2）与他人交换修改习作，能吸收他人提出的修改意见。

（3）能对同伴的习作提出修改意见。

三、四年级习作教学目标和教学内容

（一）教学目标

（1）留心观察周围事物，积累习作材料，乐于与他人分享新鲜的见闻。

（2）能完整、具体写一件事。能抓住特点具体、有条理地写一个人、一样事物、一处景物。

（3）学写简单的书信和报道等实用文体。

（4）习作时有主动运用积累的语言材料的意识。

（5）认识四种修改符号，并运用修改符号修改习作。

（6）在40分钟内能完成不少于200字的习作。

（二）教学内容

1. 写纪实文

（1）完整、具体地记叙一件事情。

（2）具体、有条理地描写一样事物。

（3）具体、有条理地描写一处景物。

（4）具体、有条理地写一个人物。

2. 写应用文

（1）用规范的格式和得体的语言根据来信写回信。

（2）观察周围生活，根据自己的见闻写报道。

3. 书面转述

（1）根据文章内容与自己的合理想象扩写课文。

（2）根据文章内容与自己的合理想象续写课文。

（3）根据文章的表达方式按要求进行仿写。

4. 运用习作策略

（1）能主动、有变化地运用积累的词句。

（2）结合网络、生活、书籍、报刊等主动积累习作素材。

（3）习作时审清题目，明确习作要求，选择合适的材料。

（4）习作时有分段意识，能分段表达。

（5）主动运用积累的语言材料，特别是有新鲜感的词句。

（6）正确使用学过的标点符号。

5. 修改作文

（1）认识并用规范的修改符号修改习作。

（2）从内容方面入手修改自己的习作。

（3）主动与伙伴互评互改，参考他人意见修改自己的习作。

四、五年级习作教学目标和教学内容

（一）教学目标

（1）能通过生活、网络、书籍等多种途径搜集习作材料。

（2）习作时有读者意识和明确的习作目的。

（3）能具体有条理地写一件事情、一次活动、一个人、一处景物或事物。

（4）学写读后感和演讲稿等应用文。

（5）能主动与他人交换修改习作。

（6）习作要有一定的速度，在40分钟内能完成不少于300字的习作。

（二）教学内容

1. 写纪实文

（1）记叙一件事情或一次活动，有读者意识和习作目的，突出重点。

（2）描写一样事物或一处景物，有读者意识和习作目的，写出事物的特征。

（3）具体、有条理地写一个人，有读者意识和习作目的，写出人物的特点。

2. 写应用文

（1）运用规范的格式、得体的语言写演讲稿。

（2）结合所读文章与个人感悟写读后感。

3. 书面转述

（1）按要求缩写课文。

（2）按要求仿写或转述。

（3）根据课文内容改写剧本。

4. 运用习作策略

（1）通过多种途径积累材料，及时记录所见所闻。

（2）习作时有读者意识和习作目的，根据对象与目的选择内容，编写提纲。

（3）习作时正确运用常用的标点符号。

（4）习作时灵活运用积累的精彩词语、句子和语段。

5. 修改作文

（1）能运用修改符号，根据习作的对象和目的，从内容与结构方面修改自己的习作。

（2）主动与伙伴交流习作，分享习作乐趣。

五、六年级习作教学目标和教学内容

（一）教学目标

（1）能有条理地写一件事情、一次活动、一个人、一处景物或事物。要求内容具体，感情真实，语句通顺，行款格式正确；有读者意识，能明确表达自己的思想情感。

（2）围绕习作目的筛选材料、确立主次，学习编写习作提纲。

（3）小组合作学写研究报告、活动计划等实用文体。

（4）养成修改作文的习惯。

（5）习作要有一定的速度，在40分钟内能完成不少于400字的习作。

（二）教学内容

1. 写纪实文

（1）具体记叙一件事情或一次活动，有读者意识和习作目的，表达自己的观点。

（2）具体有条理地描写一样事物或一处景物，有读者意识和习作目的，融入自己的情感。

（3）通过一件事或几件事具体、有条理地写一个人，有读者意识和习作目的，写出对人物的评价。

2. 写实用文

（1）小组合作学写简单的研究报告。

（2）小组合作学写活动的计划书。

3.运用习作策略

（1）习作时考虑读者对象和习作目的。

（2）根据习作对象与目的优化习作内容，确定详写与略写。

（3）根据对象与目的编写二级提纲，学习打腹稿。

（4）习作时能适当展开想象和联想。

（5）习作时注意表达的前后联系与过渡。

4.修改作文

（1）用规范的修改符号自主修改习作，养成习惯。

（2）从习作的对象、目的入手修改自己的习作。

（3）主动与伙伴交流习作，分享习作乐趣。

第三节　语文写话、习作教学建议

一、语文写话教学建议

（一）小学一年级语文写话教学建议

1. 重视阅读，积累语言

阅读是写作的基础，阅读可以帮助学生积累词汇，培养语感。如果学生语言积累少，缺少表达的技巧，写作就无从谈起。刚入学的孩子识字量有限，要让孩子通过阅读积累词汇、句段。这就需要老师向学生推荐一些适合他们阅读的书籍，如童话、寓言故事，还有名家名篇等。课外阅读不但能使学生开阔视野、增长知识，还能培养良好的自学能力和阅读能力。课外阅读更是提高学生说话、作文水平的重要途径。

教材中有许多名家名篇，还有很多文质兼美的课文，在阅读指导中要精心选择文章中的经典部分，提供源头活水，让学生在优美的语言环境中畅游。挑选课中精彩的句子、段落，引导学生背诵，指导学生摘抄好的词语、句子和段落，让学生在享受成功的同时也增加了词汇、语言的储备。课后的阅读链接教师要提前做足功课，给学生选择恰当的拓展读物。每周拿出一节课的时间开展"我读书，我快乐"活动，给学生一个安静的阅读环境，努力让学生在轻松的阅读环境中快乐阅读、轻松地学习语文。

2. 由说到写，循序渐进

学生有了充足的阅读量之后，教师要鼓励他们把感兴趣的内容或自己印象最深的部分写下来。学生觉得自己的语言还不足以表达自己的感情时，要引导学生把课外书中的好词佳句及时地"摄"进自己的语言宝库，必要时让学生把某些觉得好的词句段写下来。其实，这个阶段是以模仿为主、以写话为辅的形式进行练习。为了降低难度，一开始可以写一句话或几句话。学生练说的内容可以是多方面的。可以结合身边的事或身边的人进行写话练习；可以结合课文内容进行扩句练习；可以结合图画进行看图说话练习；还可以结合单元练习中的小练笔进行仿写等。

3. 赏识学生，激发兴趣

兴趣是最好的老师，是学习的动力。学生有了兴趣，将能保持旺盛的热情。为此，教师在写话教学中要采取各种方式激发学生的写话兴趣。例如，在班中开设"优秀作品展示栏"，把学生写得好的作品放进展示栏中让全班同学欣赏；在班级中定期展评学生的优秀作品；鼓励并指导学生向学校广播站投稿；鼓励学生把自己的写话作品放到班级的家长群中让家长欣赏；定期举行班级故事会、朗诵会等。这些做法将大大激发学生的写话兴趣。

4. 注重评价，增强自信

在写话过程中，学生的写话内容凝聚着他们的智慧和心血，自然希望得到老师的赏识与肯定。因此，老师应以欣赏的目光看待学生的写话作品，寻找作品的亮点。评价时应注意尊重学生的个性差异，肯定优点的同时也要指出不足之处，这样才能避免学生失去写话的兴趣。评价的方式多种多样。可以在班级中开展优秀作品评比活动；可以开展师生共评的方式；还可以让学生自我评价等。这样在评价的过程中，学生不仅知道了自己的不足之处，而且还能学到别人的写话技巧。

一年级写话教学是作文教学的基础，因此我们要重视它，为以后作文教学打下坚实的基础。相信只要教师对写话教学给予高度的重视并潜心研究、大胆实践，就一定能培养起学生浓厚的写话兴趣，提高学生的写话水平。

5. 注重观察生活、体验生活的能力培养

生活是写作的源泉。作文就是把我们身边的生活写出来，把平时所见的、所听的、所想的用恰当的语言文字表达出来。这正如叶圣陶先生所说的："生活犹如源泉，文章犹如溪水，源泉丰盈而不枯竭，溪水自然活泼地涌流不息。"

这就要求教师多引导他们体验生活，如开展活动体验、亲子活动、社会调查等系列活动；教给学生观察的方法，如怎样看事物的大小、颜色深浅、形状不同、人物的外貌及动作神态的不同等；鼓励学生坚持写日记或周记；在教室里开辟习作园地等都可为学生提供练笔的机会。这样长期训练，学生自然会乐于表达内心感受。

6.注重口语交际能力的培养

新课标指出，口语交际能力是现代公民的必备能力。在日常生活中与人交往离不开口语交际。而一年级学生往往缺乏主动参与口语交际的意识，因此教师在教学中要努力激发学生参与口语交际的兴趣，为他们创设口语交际的情境，多给予他们一些表扬和鼓励的话语，鼓励他们大胆与人交往，积极参与交流和讨论；努力把他们逐步引向有序、有效的口语交际训练活动中去；注意引导学生积极参加课外各种有意义的活动及社会实践活动；多给学生机会锻炼自己的口语交际能力；并适时地给予指导，这样学生的口语交际能力将会不断提高。

（二）小学二年级语文写话教学建议

1.由说到写，培养写作兴趣

二年级学生年龄小，口头语言表达能力相对较强，而书面语言表达能力却相对较弱。因此，在写作教学中，应注重培养他们的写作兴趣和自我表达的能力。要充分发挥教材的范文作用，认真上好教材中的写话课，注重读中学写、读后及时让学生写，强调形式多样，放手让学生自由写作，从而培养写作兴趣。比如，一年级学习了《四季》等课文后，可以指导学生仿照课文的形式，编写《假如我是春雨》《假如我是一片云》之类的趣味性的小写话。再如学了《祖国多么广大》《老爷爷和小孙子》等课文，可引导学生由课文内容延伸出来，再联想到现在的季节、植物、动物及人的活动等。通过这样的小练笔，帮助学生降低了写作的难度，激发了学生的写作兴趣。

2.从仿到创，提高写作水平

小学生善于模仿，对于初学写作的学生来说，更是如此。仿写就是根据提供的范文或例文，在理解原文主要内容的基础上进行的一种写作训练，它既是读写结合的一种手段，又是作文教学的一条规律。在写作教学中，要充分发挥例文的范文作用，通过仿写训练，提高学生的写作能力。仿写的形式多种多样，有全仿和点仿之分。全仿就是从整体上模仿范文作文的结构和写法。比如，在教学了《秋游果园》后，可让学生仿照这篇课文的写法，把自己去过的果园、花园、游园等景象写下来。点仿则是局部模仿范文中的某一部分。比如，学习了课文《小猴下山》后，让学生仿写小动物的神态、动作等。在仿写时要注意三点：一是要在原文的基础上有新的构思；二是在原文的写法上要有所变化；三是内容要真实具体，写自己熟悉的生活。

3. 加强积累，丰富语言材料

俗话说：巧妇难为无米之炊。学生之所以怕写作文，除了语言平淡不生动外，还因为没有大量的语言积累。尤其是二年级的学生很难从课本中找到他们所需要的有用的资料和材料，也不善于将课本内容作为范文进行套改迁移积累和活用。因此，在教学中要重视课内外阅读的指导与训练。一是要重视指导学生掌握正确的阅读方法与技巧；二是要指导学生选择合适的阅读材料；三是要教给学生积累材料的方法；四是要鼓励学生勤于背诵好词佳句、精彩片段；五是要指导学生学会将阅读中积累的材料运用于写作之中。只有积累与运用有机结合，才能更好地丰富学生的语言材料，为提高学生的写作水平奠定扎实的基础。

4. 注重评改，培养能力

作文评改是学生作文的继续和深化，是一项重要而艰巨的工作。因此，在评改作文时，要坚持互批互改的原则，要求学生要采用灵活多样的批改方法。全班统一标准；教师重点批阅典型性的作文（抽取各层次典型习作）；学生分组批改（每组4~5人）。这样批改作文针对性强，效率高。同时，教师还要注重对学生作文的评语下功夫，让学生从教师的评语中了解自己的作文情况，老师精妙的批语能激发学生写作的兴趣和动力。

在二年级的写话教学中，教师要注重培养学生的学习兴趣和积极性；加强方法的指导与训练；注重积累语言材料；加强评改的指导与训练。只有这样，学生的写话水平才能不断提高。

二、语文习作教学建议

（一）小学三年级语文习作教学建议

1.激发兴趣，让学生乐于写作

三年级是习作的起步阶段，如果教师在习作起步阶段注重培养学生对习作产生浓厚的兴趣，将能为学生以后的习作打下良好的基础。

（1）创设情境，激发兴趣

教师可根据习作需要，灵活创设情境，激发学生表达的欲望。例如，在指导学生写《我的老师》这篇写人作文时，教师可首先让学生回忆一下：你的老师有哪些值得你学习、佩服的地方？这时学生可能会说老师写字特别好看、特别会讲课等。教师可接着说："今天，我们就把自己心目中的好老师写出来，让其他同学也认识认识他。"此时学生情绪高涨，个个跃跃欲试。

（2）成功体验，激发兴趣

在批改作文时，教师要善于发现学生作文中的闪光点，多鼓励、少批评。只要学生在某一方面写得好，就在班上加以表扬，如好的题目、新颖的开头、结尾等。让学生感受到作文并不是件可望而不可即的事，只要努力就能做到。在作文讲评时，选择一些佳作在班上宣读或读给全班同学听。让他们从喜欢听故事慢慢转变为喜欢看故事、讲故事。学生写好后会让同桌互相欣赏，给对方看自己满意的地方并说出最喜欢的地方或最深刻的内容，这样一来使每个同学都有机会享受成功的喜悦。

2.授之以渔，让学生学会写作

（1）指导学生认真观察

对于初学写作的学生来说，要培养他们留心观察周围事物的习惯，教给他们一些基本的方法。例如，观察动植物的外形特征、生长过程等；观察周围环境等；观察人的外貌、语言、动作、神态以及心理活动等；观察节日的景象等。只有善于观察，才能对事物有全面细致的了解。

（2）引导学生积累素材

素材来源于生活，教师要引导学生捕捉生活中的镜头，以及身边的小事、琐事，如上学路上的见闻、校园里的新鲜事、同学生病时的表现、课间十分钟等。要让学生养成写观察日记的习惯，及时把所见所闻所感记录下来。这样不仅积累了丰富的素材，还练习了笔头。此外，教师还要鼓励学生多阅读文章，从中汲取营养。

3. 加强指导，让学生学会修改

好文章是改出来的。对于初学写作的学生来说，教给他们修改习作的方法是非常必要的。首先，让学生明确修改符号，教师做出示范，告诉学生怎样运用规范的修改符号把作文中的错别字、不恰当的词以及不通顺的句子一一修改过来。这样学生容易学会修改习作的方法。其次，激励学生在实践中体验提高写作的水平。最后，还可以让学生在小组中互相交流自己的作品，提出修改建议；然后自己反复阅读自己的作品找出不满意的地方进行修改；最后再读给教师或家长听一听，并请他们提出意见和建议。经过反复修改的作品肯定会比原来的有很大进步。这样经过多次修改练习，不仅有利于学生养成认真修改作文的好习惯，而且也有利于培养他们的自主性和独立性。

在三年级起步阶段，教师应不断充实习作教学的方法与策略，让习作变得轻松有趣且富有童趣，为学生今后的习作之路奠定坚实的基础。

（二）小学四年级语文习作教学建议

1. 兴趣先行，降低难度，呵护学生的写作信心

激发写作兴趣，培养学生的写作自信是作文教学的首要任务。在作文教学中，首先，要让学生懂得作文不是空洞的、枯燥的，而应该是有内容可写的，要让学生懂得作文就是写自己身边的人和事，写自己的喜怒哀乐，写自己

的想象和憧憬。其次，在命题上要新颖别致，能吸引学生的注意力，使学生产生强烈的写作欲望。如《我的一家》《我学会了》等，这些题目都能唤起学生表达的欲望，学生对此很感兴趣。最后，要尽量减少对学生写作的束缚，提倡自由表达和有创意的表达，提倡学生自主拟题，少写命题作文。一旦学生有了写作的欲望和兴趣，会自然而然地产生一种倾吐的冲动，写出来的文章就会充满个性和灵性。

2. 注重积累，丰富知识，为学生习作打下坚实基础

"读书破万卷，下笔如有神"。作文像建筑一样，只有积蓄了丰富的材料，才会构建高大的楼房。因此，在平时的教学中我们要注重引导学生进行积累。

（1）注重课内积累

叶圣陶先生说："语文教材无非是个例子。"我们要用好这些例子，让学生通过阅读积累语言。一是积累词语。词语是语言的基本元素，在阅读中要引导学生去积累词语，理解词语的含义，体会作者用词的准确和精妙。二是摘录佳句。在阅读中遇到的一些好词佳句、精彩片段，鼓励学生抄写下来，以备后用。三是背诵经典。教材中有很多要求背诵的篇目，这些都是经典之作，必须要求学生背诵。这样日积月累，学生积累的语言素材就会越来越多。

（2）注重课外积累

"生活如源泉，文章如流水"，丰富多彩的生活是创作的源泉。教师要引导学生留心观察周围的事物，多角度观察生活，发现生活的丰富多彩。课外积累的方式多种多样。一是阅读。包括图书、报刊等文字材料的阅读。二是观察生活中的种种见闻。三是组织劳动和参观访问等多种实践活动。应注重指导学生及时记录自己的所见所闻和独特感受。学生一旦养成了做读书笔记的好习惯，积攒的材料会越来越多，就不会出现无从下笔的尴尬局面了。

3. 以说促写，强化训练，提高学生语言表达能力

有些学生一看到作文题目就感到很头痛，"无话可说"成为写作中最大的难题。其实每个学生都有自己的内心世界，只要教师能够正确引导，他们完

全能够打开心扉，愿意把自己的所见、所闻、所思、所感毫无保留地表达出来。教师可以利用课堂时间组织学生开展一些口语交际活动，如"课前五分钟演讲""故事会""辩论会"等，为学生创设口语交际的环境。同时，可以利用单元综合性学习中的交流展示环节，锻炼学生的口语表达能力，并在互动中拓展思路、积累素材。经过训练，大部分学生能较完整地叙述所见所闻、有序地描述事物的特征等，并有意识地运用好词好句为自己的口语表达增添光彩。当然，仅仅靠课堂上的口语训练是远远不够的，还需将这种训练延伸到课外。每个学生都有好强的一面，要积极开展各项活动，如课本剧表演、办班报、朗诵会等。同时，为学生创造条件，如让学生轮流当主持人或小记者，适时鼓励他们参加一些有益的课外活动，以拓宽视野、丰富写作素材，并在活动中或比赛结束后及时引导学生把自己的经历和感受说出来，让口语表达训练和生活实际紧密结合起来，做到有话可说、有话想说。另外，通过大量的课外阅读培养学生的语感，增强表达能力。

4.灵活命题，教给方法，突出习作指导的有效性

小学生的认知能力和生活经历毕竟是有限的，教师要结合实际情况给学生提供更多的自由空间，鼓励他们去自由习作，展示其自身的个性特征，从而挖掘出他们内心的思想情感和创新意识。在作文命题时，除在特定的时期外，尽量根据学生的生活实际给足他们自由的空间，让他们有话可说、有事可写。题目要新颖、有趣、具有导思性，灵活性要大一些，如《我的好伙伴》《我的课余生活》《假如我是校长》等这样的题目，能引导学生关注现实生活，让他们在习作的过程中感受到快乐与幸福，真正实现"我手写我口""我手抒我情"。

灵活的命题还要求老师走进学生，了解他们的思想动态，走进他们的书香乐园，帮助他们在积累材料的同时教给他们一些习作方法，指导要有计划、有步骤地进行。这项工作最好作为单独的训练进行，以利于提高习作技巧，促进表达能力的提高。

（三）小学五年级语文习作教学建议

1. 从观察入手，丰富学生的素材

在作文教学中，教师需激发学生兴趣，使他们乐写、想写。在训练时，要给他们提供感受、观察、思维的空间，教给学生动笔之前的观察方法，如按方位观察、按事情发展顺序观察、时间顺序观察等。让学生知道哪些是主要的，哪些是次要的，在头脑中形成鲜明的形象，产生要表达的愿望。有了这一基础，学生写作时就有话可说、有情可抒。

2. 加强思维训练，教给写作方法

"心有所思，情有所感，而后有所撰作。"在作文教学中，教师要有意识地引导学生走进大自然，感受生活的美好；走进社会，了解生活的复杂；走进他人的生活，关爱他人。让学生明白生活是丰富多彩的，只要做生活的有心人，写作时就会思如泉涌。要让他们明白，"好作文是写出来的"，但更是"改出来的"。例如，有一次，写一个劳动场面，让学生从平常积累的生活中回忆类似的情景，然后认真观察和揣摩：劳动时同学们的神态怎样？动作怎样？表情怎样？重点突出吗？问题一一解决了，"下笔千言，离题万里"的现象就会避免了。再比如，如何把一件东西写详细？教师可以先给学生做个示范："粉笔的体积很小，但很有用武之地。看！黑板上有板书，方寸之间可移动城堡和山峦……这时一根粉笔被我轻轻地捡起……"教师的示范作用发挥了，学生也就能写出形神兼备的片段来。

3. 加强平时积累，丰富语言仓库

"读书破万卷，下笔如有神。"引导学生多看适合他们年龄、社会阅历能读的书籍或报刊，无论是诗歌、寓言、童话还是小说，都可以从阅读中摘录好词佳句，写读书笔记。对于学生而言，语言积累是非常重要的。学生只有语言积累丰厚了，才有可能文思如泉、笔下生花。

4. 注重作文的评价

教师的评价对学生十分重要。评价得当，能激励学生敢于作文、乐于作

文，因而对学生的文章不能千篇一律，也不能一棒打死。应根据不同水平的学生给予不同要求的评价。对基础好的学生要有较高的要求；基础差的哪怕是用了一个好词、一个佳句也应该及时表扬。记得有一次，我发现一个平时作文很差的学生在文章中准确地用了一个表示动作的词语"昂首挺胸"，于是我在批语中这样写道："今后能多看点书，认真做好记录吗？下次再看到你这样丰富的词语，我会非常高兴。"这样做后，那个学生后来渐渐地对作文产生了兴趣。

"生活是习作的源泉"，教师应力求以开放的态度引导学生多看、多听、多想、多说、多写。要善于激发学生的写作兴趣，调动他们的写作积极性，教给写作方法、开拓思路，同时注重对学生习作的评价，相信学生是完全能够写好作文的。在习作教学中，教师如果能给予学生充足的自主空间和展现自我创新的机会，"滴水穿石"般的收获是会随之而来的。

（四）小学六年级语文习作教学建议

1. 立足生活实际，唤起表达欲望

爱活动是儿童的天性，教师要利用课内外、校内外的各项活动，组织学生走出教室，参与社会实践，亲近自然、体验人情。在丰富多彩的活动中，引导学生体验，积累语言，练习习作，这样的效果要比教师机械地布置作文题目让他们去完成有效得多。活动的真实性、情景的感染性、交往的互动性为学生的写作拓宽了写作的内容。更重要的是它有效地激起学生强烈的表达欲望，变"要我写"为"我要写"。以综合实践活动"我爱家乡山和水"为例，在实践活动之前，告诉学生本次综合实践活动主题是"游览、感受家乡的山和水的美"，要求学生留心观察家乡的山和水，参观时留意每个景点，活动结束之后，每个学生都把自己感兴趣的景点写成了参观日记或游记。结果学生洋洋洒洒写了很多张稿纸，他们一边回味着活动情景一边动笔，这样写出来的文章不仅内容具体而且感情真实。

2. 丰富习作素材，注重实践体验

作文的素材是丰富多彩的，只要善于观察和发现，生活中的点点滴滴都可以成为作文的素材。教师要善于引导学生从丰富多彩的生活中选取自己感兴趣的、熟悉的、能够感悟到的东西写下来。学生并不是缺少写作素材，而是缺乏对周围事物的观察和认识。平时可以布置学生写观察日记，让学生的眼睛成为"摄像"镜头，让学生平时注意观察生活、积累素材，做一个生活的有心人。我曾要求每位同学在家中种上一种植物，告诉学生这是一个观察的对象，是一个生长的过程，更是一次发现、一个创造的过程。一段时间后，学生将种下的植物带到教室，由老师统一带到自然室按顺序陈列出来，让大家参观讨论，每个人都动笔记下观察的过程和发现的现象并做分析讨论，这一要求极大地调动了学生的观察兴趣和写作积极性。学生学会了细致地观察生活，也便拥有了丰富的生活体验，这样学生在写作时就不会感到无从下手了。

3.教给写作方法，落实积累内容

（1）重视阅读，做好积累

阅读是写作的基础。学生作文中词汇缺乏、词不达意的现象很大程度上是因为平时阅读面窄、书看得少。因此，教师要引导学生多读书，教给学生读书的方法，指导学生做好词、佳句的积累工作。在班级中建立图书角，让学生随时有书可读；定期开展经典诵读活动，让学生有更多的机会阅读经典；鼓励学生订阅报刊，广泛涉猎增加阅读量；鼓励学生利用课余时间到学校阅览室自由阅读，广泛摘录好词佳句精彩片段；鼓励学生互相借阅学习交流，并开展"好书我推荐"活动等。

（2）指导观察，教给写法

教师要引导学生做生活中的有心人，熟悉身边的环境，关注社会热点问题，留心周围各种各样的人物，注意收集各种信息。这样在习作时学生就有话可说、有材料可写。教师还要结合阅读教学，教给学生观察的方法和技巧。例如，怎样抓住事物的特点进行观察；怎样按一定的顺序进行观察；怎样抓住事物的动态和静态进行细致的观察；怎样进行连续观察等。

（3）培养习惯，规范要求

养成良好的习作习惯是提高学生习作水平的重要保证。在作文教学中，首先，要指导学生从生活和学习中养成留心观察周围事物的习惯，这样学生有了鲜活的生活素材能获取丰富的写作内容。其次，要引导学生主动积极地积累语言词汇，随时随地积累一些优美的词句语段等。再次，要让学生养成多写多练的习惯，不断提高自己的习作水平，要经常练笔，并认真写好"后记"，不断提高自己的习作水平。最后，养成自我修改作文的好习惯，作文写好后，让学生自己读一读，边读边修改，做到文从句顺改到没有语病，再认真誊写等。此外，教师要认真筛选出优秀习作或进步较大的习作，进行讲评或张贴交流等。

4. 注重评价与赏识，激发写作兴趣

教师在批改学生作文时，要尊重学生的意愿，肯定学生的创新思维和独特体验，不要以成人的眼光看待学生的作品。在评价学生的作文时，要尊重学生的个性差异，用欣赏的目光看待每一篇作文，用宽容的心态面对学生所犯的错误，多一分宽容、多一分耐心，让学生在教师的赏识中激发写作的兴趣和欲望，不断提高自己的习作水平，不断迈向新的高度。教师可以采取多种方式激励学生，提高他们的写作兴趣和自信心。例如，采用小组合作评价的方式，让小组成员互相评价或互帮互学，取长补短，共同提高习作水平；或教师评价，个别辅导和鼓励，让教师的关爱成为学生写作的动力等，达到人人参与、个个进步、共同提高的目标，等等。总之，作为小学语文教师，要用心研究新课标的要求和教学任务，全面把握新课标下习作教学的特点和要求，扎扎实实地进行习作教学。

第三章

项目化学习应用于写作教学的理论基础及价值

第一节　项目化学习应用于写作教学的理论基础

教学理论与学习理论是教育领域中两个重要的理论体系，它们共同构成了教育实践的基础。本节将阐述教学理论和学习理论及其对语文写作教学的启示。

一、项目化学习应用于写作教学的教学理论基础

教学理论是关于教育教学的理论，它关注的是如何有效地传授知识和技能，以及如何帮助学生发展自己的潜能。教学理论的核心是教师和学生之间的关系，以及如何通过教学促进学生的发展。

在教学理论中，教学方法和策略是非常重要的。教学方法是指教师如何传授知识和技能的方法，而策略则是指教师如何有效地组织和管理教学过程的方法。有效的教学需要教师能够灵活运用各种教学方法和策略，以适应不同的学习环境和学生的需求。

（一）建构主义理论

1.建构主义理论概述

建构主义是一种认知心理学理论，它强调个人经验的重要性，认为知识是通过个人主动建构的，而不是通过教师传授的。该理论认为，学习是学习者与环境、他人、自我等多方面互动的结果，是个体在原有经验的基础上不断调整、重组和构建的过程。

建构主义理论认为，学习是学习者主动建构的过程，强调学习者的主体性和主动性，认为学习应该与实际生活紧密相连，通过实际问题的解决和完成项目促进学习者的知识建构和技能发展。

在语文写作教学中，建构主义理论为教师提供了新的教学思路。教师不

再是单纯的知识传授者，而是学生学习的引导者和辅助者。学生不再是被动的接受者，而是主动的参与者，通过自身的经验和思考，积极建构写作知识。

在写作教学中，建构主义理论强调学生应该通过完成实际项目培养写作技能和思维能力。同时，应该注重学生的自主学习和合作学习，鼓励学生通过交流和讨论解决问题和完成任务。

2. 建构主义理论对语文写作教学的启示

（1）注重学生的主体性。教师应尊重学生的主体地位，激发学生的学习兴趣和主动性，引导学生积极参与写作过程，发挥自己的创造力和想象力。

（2）创设情境。教师可以通过创设与写作主题相关的情境，引导学生进入情境，增强学生的情感体验和感知能力，从而更好地理解写作主题。

（3）合作学习。教师可以通过小组合作的方式，鼓励学生相互交流、讨论、分享写作经验和技巧，促进学生的协作学习和共同进步。

（4）评价与反思。教师可以通过多元化的评价方式，引导学生对自己的作品进行反思和评价，发现自己的优点和不足，从而更好地改进和提高自己的写作水平。

（二）实用主义理论

1. 实用主义理论概述

实用主义是一种哲学思潮和教学理念，它强调实践、行动和效果，认为知识是用来解决实际问题的工具。在语文写作教学中，实用主义理论强调写作的实用性和针对性，鼓励学生关注现实生活和社会问题，培养他们的观察力和思考力。

在写作教学中，实用主义理论主张教师不应该仅仅关注学生的写作技能和知识，还应该关注学生的实践能力和解决问题的能力。教师应该为学生创造实践的机会和情境，让学生通过亲身经历和参与提高写作技能和思维能力。同时，实用主义理论也强调教师应该在实践中培养学生的合作精神和创新意识，鼓励学生发挥自己的优势和特长，挖掘自己的潜力，不断提高自己的综合素质和能力水平。

2. 实用主义理论对语文写作教学的启示

（1）强调实用性。教师在写作教学中应该引导学生关注现实生活和社会问题，培养学生发现问题、分析问题和解决问题的能力。

（2）培养学生的独立思考能力。教师应鼓励学生独立思考、独立分析、独立判断，培养学生的创新思维和批判精神。

（3）重视实践教学。教师可以通过组织实践活动、案例分析、小组讨论等方式，让学生在实际操作中提高写作技能和表达能力。

（4）注重反馈与调整。教师应关注学生的反馈和评价，及时调整教学策略和方法，不断提高教学质量和效果。

（三）发现学习理论

1. 发现学习理论概述

发现学习理论强调学习者通过自己的探索和发现获取知识。该理论认为，学习不仅是一种被动接收信息的过程，而是一个主动发现、理解和应用信息的过程。在写作教学中，发现学习理论强调学生通过自我探索和反思，逐渐形成自己的写作方法和技巧。

2. 发现学习理论对语文写作教学的启示

（1）激发学生兴趣。发现学习可以激发学生的学习兴趣，让学生更加积极主动地参与到写作教学中。

（2）培养自主学习能力。通过发现学习，学生可以逐渐培养自主学习的能力，学会独立思考和解决问题。

（3）促进知识内化。发现学习有助于学生将所学知识内化为自己的能力，从而更好地应用于写作实践中。

（四）多元智能理论

1. 多元智能理论概述

多元智能理论是由美国心理学家霍华德·加德纳提出的，他认为每个人都拥有多种智能，包括语言智能、数学逻辑智能、空间智能、身体运动智能、音乐智能、人际交往智能、自我认知智能和自然观察智能等。在写作教学中，多元智能理论强调学生应该根据自己的优势智能进行写作，充分发挥自己的潜能。

2. 多元智能理论对语文写作教学的启示

（1）多元化评价标准。在写作教学中，教师应采用多元化的评价标准，尊重学生的个体差异，鼓励学生在自己的优势智能领域内进行创作。

（2）培养多元能力。多元智能理论有助于培养学生的多元能力，包括语言表达、逻辑分析、空间想象、动手实践、音乐创作、人际交往、自我认知和观察自然等方面的能力。这些能力在写作中都是非常重要的。

（3）提升写作自信心。通过发挥自己的优势智能进行写作，学生可以逐渐提升写作自信心，从而更加积极地参与到写作教学中。

（五）范例教学理论

1. 范例教学理论概述

范例教学理论是一种以实例为基础的教学理论，它强调通过典型案例的学习，使学生掌握一般性的知识和技能。在语文写作教学中，范例教学理论主张教师选取具有代表性的文章或段落，引导学生分析其优点和不足，进而提高学生的写作水平。

2. 范例教学理论对语文写作教学的启示

（1）选取典型的范例。教师应当选取具有代表性的文章或段落，让学生从中学习到优秀的写作技巧和表达方式。

（2）引导学生分析。教师应当引导学生分析范例的优点和不足，帮助学生认识到自己在写作中存在的问题。

（3）鼓励学生反思。教师应当鼓励学生反思自己的写作过程，发现问题并及时调整。

（4）注重学生的参与。教师应当鼓励学生积极参与范例分析。通过讨论和交流，提高学生的思维能力和表达能力。

（六）掌握教学理论

1. 掌握教学理论概述

掌握教学理论是一种以实践为基础的教学理论，它强调通过实践操作和反复练习，使学生掌握知识和技能。在语文写作教学中，掌握教学理论主张教师通过组织实践活动，让学生在实践中学习写作技巧和方法。

2. 掌握教学理论对语文写作教学的启示

（1）注重实践操作。教师应当注重实践操作，让学生在实践中学习写作技巧和方法，提高写作水平。

（2）组织多样化的实践活动。教师应当组织多样化的实践活动，如小组讨论、角色扮演、案例分析等，激发学生的学习兴趣和积极性。

（3）及时反馈和指导。教师应当及时对学生的实践活动进行反馈和指导，帮助学生发现问题并及时调整。

（4）培养学生的自主学习能力。教师应当注重培养学生的自主学习能力，鼓励学生自主探索和实践，提高写作水平。

（七）合作教学理论

1. 合作教学理论概述

合作教学理论是一种强调学生合作、互动和共同发展的教学理论。在这种理论下，学生不再是被动接受知识，而是通过与他人的合作，共同解决问题，从而获得知识、技能和情感的发展。

2. 合作教学理论对语文写作教学的启示

（1）培养学生的团队协作能力。在合作教学中，学生需要通过团队协作完成项目，这有助于培养学生的团队协作能力。在语文写作教学中，教师可以通过布置小组写作任务，让学生在相互合作中提高写作能力。

（2）激发学生的学习兴趣。合作教学理论强调学生的主动性和参与性，这有助于激发学生的学习兴趣。在语文写作教学中，教师可以通过设计有趣的项目，让学生在愉快的氛围中学习写作。

（3）提高学生的写作水平。在合作教学中，学生可以通过交流、讨论和反思提高自己的写作水平。同时，教师也可以提供适当的指导和反馈，帮助学生发现自己的不足之处，并及时进行调整。

（八）结构主义理论

1.结构主义理论概述

结构主义理论是一种强调事物内部结构及其相互关系的教学理论。它认为，学习应该从理解事物的结构入手，通过对结构的分析、比较和归纳，掌握事物的本质和规律。

2.结构主义理论对语文写作教学的启示

（1）培养学生的逻辑思维。结构主义理论强调事物的内在逻辑关系，这有助于培养学生的逻辑思维。在语文写作教学中，教师可以通过引导学生分析文章结构、归纳写作规律等方式，帮助学生掌握写作技巧。

（2）提高学生的写作能力。通过分析文章结构，学生可以更好地理解文章的主旨和思想，从而提高自己的写作能力。同时，教师也可以提供适当的指导和反馈，帮助学生发现自己的不足之处，并及时进行调整。

（3）促进学生的自主学习。结构主义理论强调学生的自主学习和探索精神，这有助于提高学生的主动性和积极性。在语文写作教学中，教师可以引导学生通过自主学习、自主探索的方式掌握写作技巧和方法。

（九）发展性教育理论

1.发展性教育理论概述

发展性教育理论强调教育要适应并促进人的全面发展，包括知识、技能、情感、态度、价值观等多方面的发展。它认为教育应该关注学生的个体差异和个性化需求，为每个学生提供适合其发展的教育。

2.发展性教育理论对语文写作教学的启示

（1）写作教学应注重学生综合素质的培养

在语文写作教学中，发展性教育理论要求教师关注学生的综合素质培养，包括语言表达能力、思维能力、审美能力、创新能力等。通过项目化学习，教师可以引导学生进行多样化的写作实践活动，让学生在实践中不断提高自己的综合素质。

（2）写作教学应关注学生的个体差异

由于学生的兴趣爱好、知识背景、思维方式等存在差异，因此教师在进行项目化写作教学时，应关注学生的个体差异，提供多样化的项目供学生选择，让学生可以根据自己的兴趣和需求进行选择。

（十）过程最优化理论

1. 过程最优化理论概述

过程最优化理论主张通过科学的方法和手段，对教育过程进行优化设计，以提高教育效果和质量。它强调教育过程中的各个环节、各个因素之间的协调配合，以达到最佳的教育效果。

2. 过程最优化理论对语文写作教学的启示

（1）写作教学应注重教学过程的优化设计

过程最优化理论为语文写作教学提供了科学的方法和手段。教师可以通过项目化学习的方式，对写作教学过程进行优化设计，包括写作前的准备、写作中的指导、写作后的评价等各个环节。通过优化设计，教师可以帮助学生更好地掌握写作技巧和方法，提高写作水平。

（2）写作教学应注重学生的主动性和创造性

过程最优化理论强调学生在学习过程中的主动性和创造性。在项目化写作教学中，教师应鼓励学生积极参与、自主探究，充分发挥学生的主观能动性。同时，教师也应该为学生提供多样化的项目和素材，鼓励学生发挥自己的创造力和想象力，提高自己的写作水平。

（十一）皮亚杰认知发展理论

1. 认知发展理论概述

皮亚杰是一位著名的认知发展心理学家，他认为个体的认知发展与环境交互作用密切相关。个体在与环境的相互作用中，不断建构自己的认知结构，并逐渐发展出更高层次的认知能力。这一理论强调了个体在与环境的互动中不断进行自我调整和适应，从而不断发展自己的认知水平。

2.认知发展理论对语文写作教学的启示

在语文写作教学中，教师可以通过项目化学习的方式，为学生提供丰富的写作素材和情境，鼓励学生积极参与讨论和交流，以促进学生的认知发展。项目化学习能够使学生从多角度思考问题，丰富写作素材，同时也有助于提高学生的批判性思维和问题解决能力。此外，教师还可以引导学生将所学的理论知识运用到实践中，从而加深对知识的理解和掌握。

（十二）维果斯基的最近发展区理论

1.最近发展区理论概述

维果斯基是苏联的心理学家，他提出了"最近发展区"这一概念。他认为学生的发展有两种水平：一种是学生的现有水平，即学生目前已经具备的认知能力和知识水平；另一种是学生可能的发展水平，即通过教学和训练所能够达到的认知能力和知识水平。这两种水平之间的差异就是最近发展区，即教学应当着眼于学生的最近发展区，为学生的发展提供足够的空间和机会。

2.最近发展区理论对语文写作教学的启示

在语文写作教学中，教师应当根据学生的实际情况和兴趣爱好，设计具有挑战性和适度的项目化学习任务。这些任务应当在学生现有的写作水平和可能达到的写作水平之间，激发学生的好奇心和求知欲，促使学生不断探索和创新。此外，教师还可以鼓励学生相互合作、交流和学习，共同完成项目任务，从而提高学生的学习能力和合作精神。通过这样的教学方式，学生能够在最近发展区内不断成长和进步。

（十三）布鲁姆的教育目标分类理论

1.教育目标分类理论概述

布鲁姆的教育目标分类理论是教育领域中一个重要的理论体系，它将教育目标分为多个层次和类别，包括认知、情感、动作技能等领域。该理论强调对学生全面发展的关注，包括学生的认知、情感、技能等方面。

2.教育目标分类理论对语文写作教学的启示

（1）提高学生写作技能。通过项目化学习，教师可以引导学生从多角度思考问题，拓展学生的写作思路，提高学生的写作技能。

（2）培养学生的创新思维。在项目化学习中，学生需要不断探索和创新，教师可以通过布置开放性的写作任务，培养学生的创新思维。

（3）培养学生的合作精神。在项目化学习中，学生需要合作完成写作任务，教师可以通过组织小组讨论、合作写作等方式，培养学生的合作精神。

（十四）马斯洛的需要层次理论

1.需要层次理论概述

马斯洛的需要层次理论将人类需求分为五个层次，包括生理需求、安全需求、归属与爱的需求、尊重需求和自我实现需求。这一理论认为，人们只有在较低层次的需求得到满足后，才会追求更高层次的需求。

2.需要层次理论对语文写作教学的启示

（1）激发写作兴趣。教师在写作教学中可以通过设置有趣的写作任务，激发学生的写作兴趣。

（2）提高学生的自信心。学生在完成较低层次的写作任务后，可以获得成就感，进而提高自信心。

（3）培养学生的自我实现精神。在写作教学中，教师可以鼓励学生追求更高的写作水平，培养学生的自我实现精神。

二、项目化学习应用于写作教学的学习理论基础

（一）联结学习理论

1.联结学习理论概述

联结学习理论，也被称为刺激—反应理论，它认为学习是通过反复强化

刺激-反应之间的联结而形成的。在写作教学中，联结学习理论强调通过实践和反复练习提高写作技能。学生通过完成项目任务，不断尝试、反思和改进自己的写作技巧，从而形成新的联结，提高写作能力。

2. 联结学习理论对语文写作教学的启示

（1）实践与反馈。联结学习理论强调实践和反馈在写作教学中的重要性。教师可以通过布置项目任务，为学生提供实践机会，让学生在实践中不断尝试、反思和改进自己的写作技巧。同时，教师还需要给予及时的反馈，帮助学生发现自己的问题并给予指导。

（2）技能训练。联结学习理论强调技能的训练。在写作教学中，教师可以通过项目任务的形式，引导学生掌握各种写作技巧，如段落构造、句子表达、语法、修辞等。这些技能训练有助于提高学生的写作水平。

（3）创造性的表达。联结学习理论强调学生的创造性表达。通过项目任务的形式，教师可以鼓励学生表达自己的观点和情感，激发学生的创造力。这种创造性表达可以帮助学生提高写作水平，同时也能够培养他们的创新能力和批判性思维。

（二）认知学习理论

1. 认知学习理论概述

认知学习理论认为，学习不仅是刺激-反应之间的联结，还包括大脑的内部加工和信息处理过程。在写作教学中，认知学习理论强调学生通过对写作材料的分析、理解和思考提高写作能力。学生需要掌握基本的写作原理和策略，同时还需要发展自己的思维能力、分析和解决问题的能力。

2. 认知学习理论对语文写作教学的启示

（1）思维能力的培养。认知学习理论强调思维能力的培养。在写作教学中，教师可以通过项目任务的形式，引导学生对写作材料进行分析、理解和思考，从而提高学生的思维能力。这种思维能力可以帮助学生更好地理解写作材料，提高写作质量。

（2）学习策略的指导。认知学习理论强调学习策略的指导。教师可以通过项目任务的形式，引导学生掌握基本的写作策略，如审题、构思、起草、修改等。同时，教师还需要指导学生如何运用这些策略提高写作能力。

（3）个性化的表达。认知学习理论强调学生的个性化表达。每个学生都有自己的写作风格和特点，教师需要尊重学生的个性差异，鼓励学生表达自己的观点和情感，培养他们的创新能力和批判性思维。同时，教师还需要提供多样化的项目任务和评价标准，以适应不同学生的需求和特点。

结合以上理论来看，项目化学习应用于写作教学能够为学生提供更多的实践机会和情境，让学生在实践中培养写作技能和思维能力。同时，项目化学习也注重学生的自主学习和合作学习，鼓励学生发挥自己的优势和特长，挖掘自己的潜力，不断提高自己的综合素质和能力水平。这样的教学方式能够更好地激发学生的学习兴趣和积极性，促进学生的个性化和差异化发展，提高教学效果和质量。

总之，项目化学习应用于写作教学具有坚实的理论基础，它能够充分挖掘学生的学习潜能，培养学生的综合素质和能力水平，为学生未来的学习和职业发展打下坚实的基础。

第二节　项目化学习应用于写作教学的可行性

随着教育改革的不断深入，项目化学习作为一种创新的教学模式，正在逐渐被应用于各个学科的教学中。特别是在小学语文写作教学中，项目化学习的应用具有很大的可行性。本节将从三个方面阐述项目化学习应用于小学语文写作教学的可行性。

一、项目化学习符合课标中明确的语文课程理念

新课标指出："语文课程是一门学习语言文字运用的综合性、实践性课程。"这一定义反映了语文课程的本质和基本理念，即语文课程的核心目标是学习语言文字的运用，而实现这一目标的基本途径是语言文字的综合性与实践性。新的语文课程标准提出了"全面提高学生的语文素养"的理念，要求教师在教学中注重培养学生的语言文字运用能力，提高学生的思维能力和创造力。项目化学习恰好符合这一理念，它以问题为导向，通过学生自主探究、合作交流的方式，让学生在解决问题的过程中提高语言文字运用能力，培养创新思维。项目化学习注重学生在实际情境中的实践和应用，鼓励学生通过探究、合作、实践等方式学习和掌握知识。这种学习方式不仅符合语文课程的本质特征，而且也符合新课标的要求。

二、项目化学习与课标中对小学语文写作教学要求相适应

在新的语文课程标准中，对小学语文写作教学提出了明确的要求，包括培养学生的观察能力、思考能力、表达能力等。在小学语文教学中，写作是一项至关重要的部分，新课标对于这一部分的教学要求也越来越高，这就意味着传统的"老师讲，学生听"的教学模式已经不能满足需求。项目化学习，作为

一种新颖的教学模式，通过为学生提供自主学习的机会，使他们有机会独立思考、发现问题并寻找解决问题的方法，这种方式对提高学生的写作能力有显著的帮助。

首先，项目化学习能提升学生对写作的兴趣。在项目化学习中，学生不再是被动的接受者，而是成为主动的参与者。他们有机会将理论知识与实践相结合，这样的过程使他们更有成就感，也更容易产生对写作的兴趣。其次，项目化学习可以提供更多的写作机会。它要求学生以小组的形式完成一个实际的项目，在这个过程中他们需要不断沟通、协调、总结，这些都是他们进行写作练习的好机会。再次，项目化学习能提升学生的写作技能。通过项目的实施，学生不仅可以在实践中学习和理解写作的技巧，而且还可以通过反思和总结，提高他们的写作技能。最后，项目化学习可以通过设计各种与写作主题相关的项目，让学生在实践中观察、思考、表达，从而提高学生的写作水平。例如，教师可以设计一个"家乡美食"的项目，让学生通过调查、采访、制作宣传册等方式，了解家乡美食的历史、特点、制作方法等，并在小组内交流、分享，最后形成一篇介绍家乡美食的作文。这样的项目化学习，既锻炼了学生的观察能力、思考能力，又提高了学生的表达能力，与课标中对小学语文写作教学要求相适应。

三、项目化学习与小学语文写作教学的内在统一性

项目化学习与小学语文写作教学的内在统一性主要体现在以下几个方面。

第一，项目化学习强调的是过程和方法，这与写作教学的目标是一致的。在写作教学中，教师不仅需要教授学生写作的技巧和方法，还需要引导学生通过实践去理解和掌握这些技巧。

第二，项目化学习强调的是学生的主动性和创造性，这与写作教学所期望的学生能够独立思考、发挥创造力的目标也是一致的。在项目实施的过程中，学生需要主动去寻找信息、解决问题、表达自己的观点，这些都是写作教

学中需要学生掌握的技能。

第三，项目化学习强调的是团队合作和沟通，这与写作教学中需要学生学会与人沟通、表达自己的观点和情感也是一致的。在项目实施的过程中，学生需要通过有效的沟通和合作解决问题，这有助于提高学生的沟通和协作能力。

第四，项目化学习以培养学生的综合素质为目标，而写作教学则是培养学生语言文字运用能力的重要手段。

第五，项目化学习强调学生的自主探究、合作交流，这与写作教学中鼓励学生自由表达、抒发真情实感的要求是一致的。

第六，项目化学习的评价方式注重过程评价、多元评价，这与写作教学中注重评价学生的情感态度、表达能力等要求相吻合。

项目化学习应用于小学语文写作教学具有很大的可行性。它符合语文课程理念，与课标中对小学语文写作教学要求相适应，与小学语文写作教学的内在统一性相吻合。通过项目化学习，学生可以更深入地理解和掌握写作的技巧和方法，同时也可以提高他们的学习兴趣、创造力和沟通能力。因此，我们应该积极探索将项目化学习应用于小学语文写作教学的有效途径和方法，以提高教学效果和质量，促进学生的全面发展。

第三节　项目化学习应用于写作教学的应用价值

在传统的语文写作教学中，教师往往注重学生的写作技巧和表达能力的培养，而忽视了学生兴趣、创新能力和合作精神的培养。而项目化学习作为一种新型的教学模式，将其应用于语文写作教学，不仅可以创建真实的语文写作情境、提高学生的写作兴趣和动力，还可以培养学生的创新能力和合作精神，完善语文写作的评价体系。

一、项目化学习有助于创建真实的语文写作情境

（一）写作情境概述

语文写作是一种重要的表达和交流方式，但在传统的语文教学中，写作常常被视为一个孤立的过程，缺乏实际的情境和语境。这使得学生的写作常常流于形式，缺乏实际应用性和真实感。为了改变这一现状，我们可以将项目化学习引入语文写作教学中，创建真实的写作情境。

（二）项目化学习对语文写作真实情境创建的促进作用

1. 真实的任务情境

项目化学习为学生提供了真实的任务情境，这些任务通常与现实生活紧密相关，能够激发学生的学习兴趣和动力。通过完成这些任务，学生能够更好地理解和应用语文写作的技巧和方法。

2. 合作与交流

项目化学习通常需要学生之间的合作与交流，这有助于培养学生的团队协作能力和沟通能力。在完成任务的过程中，学生需要互相讨论、分享观点和互相评价，这有助于提高学生的写作水平和表达能力。

3. 实践与应用

项目化学习强调实践和应用，学生可以通过完成项目应用所学的知识和

技能。这种实践性的学习方式有助于加深学生对语文写作的理解和应用，同时也有助于培养学生的创新意识和解决问题的能力。

4. 反思与改进

项目化学习鼓励学生反思自己的学习过程和成果，发现自己的不足之处并寻求改进。通过反思和改进，学生可以不断提高自己的写作水平和表达能力，从而更好地适应未来的学习和工作。

项目化学习对于创建真实的语文写作情境具有积极的促进作用。它不仅能激发学生的学习兴趣和动力，提高学生的写作水平和表达能力，还能培养学生的团队协作能力和创新精神。因此，我们应该将项目学习引入语文写作教学中，以更好地满足学生的学习需求和发展需要。

二、提高学生的写作兴趣和动力

项目化学习强调学生的主动性和实践性，让学生通过亲身参与和体验学习知识。在语文写作教学中，教师可以通过设计有趣的项目任务，引导学生积极参与，让学生在完成任务的过程中提高写作兴趣和动力。例如，教师可以组织学生进行一次社会调查，让学生通过调查收集数据，再通过写作的方式将调查结果呈现出来。这样的项目任务不仅可以提高学生的写作兴趣，还可以培养他们的实践能力和社会责任感。

三、培养学生的创新能力和合作精神

项目化学习鼓励学生独立思考和创新，通过小组合作的形式完成项目任务。在语文写作教学中，教师可以通过组织小组讨论、互相评价等活动，让学生在交流和合作中互相学习、互相启发，从而培养他们的创新能力和合作精神。此外，教师还可以鼓励学生打破常规思维，从不同的角度思考问题，提高他们的创新能力。

四、完善语文写作的评价体系

传统的语文写作评价往往注重分数和等级的评定，而忽视了对学生写作过程和写作成果的评价。项目化学习则强调过程性评价和多元化评价，注重对学生学习态度、合作精神、创新能力等方面的评价。在语文写作教学中，教师可以通过项目任务的评价了解学生的学习情况，及时发现和解决问题，从而不断完善语文写作的评价体系。

五、有助于开发教学资源

项目化学习为写作教学提供了丰富的资源，包括实际案例、项目经验、行业动态等。这些资源不仅有助于拓宽学生的知识视野，还能为教师提供更多教学素材和案例分析，从而优化教学内容和方法。开发教学资源的策略如下。

（1）建立跨学科合作。写作教学不应局限于语文学科，而应与其他学科建立跨学科合作，共同开发教学资源。例如，与数学学科合作开展数据分析类项目，帮助学生掌握数据呈现和解读的技巧；与科学学科合作开展实验报告类项目，帮助学生学会如何用科学语言描述实验过程和结果。

（2）关注行业动态。教师应关注行业动态，了解新兴的写作应用场景和需求。例如，在信息传播高度数字化的今天，社交媒体文案、短视频脚本等新兴写作形式值得关注。将这些行业动态融入教学，有助于拓宽学生的知识视野，培养他们的适应性和创新能力。

（3）建立教学资源库。建立写作教学资源库，将各类项目案例、行业素材、优秀作品等集中展示，供师生参考和使用。同时，鼓励师生共同参与资源库的建设和更新，提高资源的实用性和针对性。

项目化学习应用于写作教学具有显著的价值。为了更好地开发教学资源，我们需要建立跨学科合作、关注行业动态并建立教学资源库。这些措施将有助于提高写作教学的质量和效果，培养出更多具备实际写作能力的优秀人才。

第四章

写作教学中项目的设计

写作项目的设计是项目化写作教学中关键的第一步,设计的项目的质量高低会影响整个项目化写作教学的效果。一个高质量的、设计恰当的项目能够成功引起学生学习的兴趣,激发学生写作的动力,使学生自主投身写作,收获写作的快乐与成就感,培养写作素养。由此,笔者对写作项目的设计进行探究。

第一节　写作项目设计的原则

写作是一个需要技巧、思维和创新的复杂过程。为了使学生在写作过程中取得良好的成果，我们需要在设计写作项目时遵循一些基本原则。这些原则旨在突出学生的写作能力目标，并把握写作训练序列，以此促进学生写作技能的提升。

一、写作项目的设计要突出写作能力目标

项目化学习指向的是核心知识的再建构。在设计项目时，需要确保项目活动与学科概念和学科能力有充分的联系，从而在项目化学习中实现知识的建构与转化，促进素养的培养。

写作教学所要培养的是学生的写作能力，写作能力也属于言语能力，指个体的书面言语表达能力，如想象力、思考力、遣词造句能力、文章修改能力等。在项目化写作教学中，写作项目要指向的核心知识是学生的写作能力，在设计项目时要突出写作能力目标，以具体要培养的写作能力为目标，展开写作教学。虽然项目形式可以多样化，但项目目的应是直指学生写作能力及写作素养的提升。

例如，部编版五年级下册第五单元写作《形形色色的人》的写作要点是运用学过的描写人物的方法以及选取典型的事例，具体表现人物的特点。对此，我们可以形成指向写作能力的教学目标：①指向观察力——选择生活中的一个人，确立写作对象，进行认真观察、细致了解，并准确把握人物的特点；②指向谋篇布局能力——借助思维图，判断什么是典型的事例，并用典型事例表现人物特点；③指向运用表达方式能力——用动作、语言、心理、神态等描写人物的方法把人物的特点写具体。因此，项目的设计要围绕这些教学目标开展，

突出写作能力。

突出写作能力目标原则应用的注意事项：

（1）明确目标。在写作项目中，要明确学生的写作能力目标。这些目标应基于学生的实际需求和兴趣，同时考虑学科要求。

（2）针对性教学。根据明确的写作能力目标，教师可以有针对性地进行教学，确保学生能够掌握所需的写作技能。

（3）培养批判性思维。通过写作项目，培养学生的批判性思维，使学生能够独立思考并表达自己的观点。

二、写作项目的设计要把握写作训练序列

在教材的排版当中，阅读教材以专题组成单元，每个单元专题形成一块知识体系，这些知识体系组成一系列的训练序列，写作也同样具有序列性。

《义务教育语文课程标准》中体现了语文学习要开展系统化教学的指导思想，确立了由浅入深的学段目标。在宏观上，整个作文教学目标的建构形成了一个隐形的序列，需要教师整体把握不同学段的写作训练点，形成前后衔接且连贯的教学。在微观上，训练序列要求教师把握总体的写作教学训练目标，在总目标之下，设计层层递进的教学小目标、教学内容和步骤。在写作项目的设计中，项目可分为多个任务和多个步骤，而这些分解开来的任务和步骤并不是独立的，而是应该根据写作训练目标逐步递进。简而言之，一个大项目分成多个小项目，一个大目标分成多个小目标，项目与目标一一对应，并一同循序渐进。

比如，部编版五年级上册第二单元写作《"漫画"老师》，情境是评比学校的明星教师，请提名你最喜欢的老师，为他画一张漫画像并用漫画语言写一份介绍。写作目标是运用一两件事突出老师的特点。在这个项目中，可以设计如下的训练体系：第一步，自主选择老师特点，回忆典型事例，确定主题，形成思维导图；第二步，借助漫画，发现"夸张"的特点，明确在写作中要用夸张

的手法表现人物特点；第三步，借助例文，发现漫画语言的生动幽默，寻找幽默的写作方法；第四步，小组评议，完善漫画像与写作。这样确定思路框架、明确夸张手法、寻找幽默语言的写作方法、评议完善的逐渐深入的序列训练能让学生在写作中更加得心应手。所以在项目化写作教学中，写作项目的设计与开展要把握写作训练序列，妥善有序安排子项目，形成一个科学系统且螺旋式上升的训练体系。

把握写作训练序列的注意事项：

（1）遵循规律。写作训练序列应遵循学生的认知发展规律，由易到难，逐步提高难度。

（2）连贯性。各阶段的训练项目应保持一定的连贯性，以便学生能够逐步构建自己的写作体系。

（3）多样性。训练项目应包含多种形式和题材，以激发学生的写作兴趣，提高他们的应变能力。

三、写作项目的设计要展现学生评价主体

在语文写作教学中，学生评价主体的多元化是非常重要的。具体来说，学生评价主体应包括以下方面。

（1）学生自我评价。学生应养成自我评价的习惯。通过反思自己的作文，发现优点和不足，进而提高写作水平。

（2）同桌互评。同桌之间可以互相评价作文，互相学习，互相帮助，共同提高写作水平。

（3）小组评价。小组内部可以共同讨论作文，提出修改意见，并互相学习不同的写作风格和方法。

（4）教师评价。教师应对学生的作文进行批改和点评，指出优点和不足，给予必要的指导。

（5）家长评价。家长可以参与评价过程，了解孩子的学习情况，给予鼓励

和支持。

为了确保评价的客观性和准确性，可以采用以下几种评价方法。

（1）量化评价。通过设定一定的评分标准，对学生的作文进行量化评分，以便更好地了解学生的写作水平。

（2）等级评价。根据作文的质量和特点，给予相应的等级评定，以便更好地指导学生未来的写作方向。

（3）描述性评价。教师应对学生的作文进行详细的点评，指出优点和不足，并给出具体的建议和指导。

（4）多元主体评价。除教师评价外，还可以邀请其他学生、家长、专业人士等参与评价过程，以便更全面地了解学生的写作水平。

写作教学不可缺少讲评，如果缺乏有效的讲评，写作教学的效果会大打折扣。在项目化写作教学中，写作的讲评依旧不可或缺，它是所有参与评价活动的师生共同建构的过程，而且应该展现学生的评价主体地位。

这体现在两个方面。第一，注重学生的水平，以学生的具体水平定位讲评的起点。项目化学习虽然是以学生为中心的学习，但也需要教师作为协助者的教学引导。所以在讲评前，教师先认真分析学生作文，发现学生作文的优点和缺点，再根据其优点和缺点引出一个作文训练点，由个别到全体，引导学生发现和学习，最后实现讲评从学生中来、到学生中去。第二，注重开放讲评，唤醒学生的参与意识。教师要给学生充足的评价时间和评价空间，不仅展开自评，也让每位学生参与他人写作的评价，让每位学生的写作作品拥有一个评价万花筒。对学生开放讲评不仅体现在最后的写作作品评价，更是要涉及对项目的整个流程及各个环节，从而能通过学生的角度更全面地了解到该项目的优缺之处，进而完善项目，更好地帮助学生学习。

四、写作项目的设计要符合学生的认知规律

写作是一项具有较强综合性的语言训练活动，因此写作教学也应遵循学

生的认知规律。在设计写作项目时，教师要考虑这个项目能否激发学生的写作兴趣，能否引发学生的思考，能否让学生有话可说。同时，在设计写作项目时，教师还要充分考虑到学生的实际情况，包括学生的知识水平、认知规律、写作经验等。在写作项目的安排上，要由易到难、由浅入深、循序渐进，逐步提升学生的写作能力。

五、写作项目的设计要有利于学生个性发展

作文教学既要注重培养学生的合作探究精神，又要注重发展学生的个性特长。因此，教师在设计写作项目时要结合学生实际，因人施教，充分发挥每个学生的优点，引导他们不断提高对自我的认识，不断发现自我，进而促进其个性特长的发展。具体而言，可以班级为单位，让学生对一些具有争议性的话题进行讨论或辩论；鼓励学生大胆创新，根据个人体验进行创作；也可以举办朗诵比赛或征文比赛等，促进学生个性化发展。

六、写作项目的设计要有整体性和系统性

对于教师而言，不仅要抓好日常的写作教学工作，而且要树立全局观和整体意识。每一单元的训练要有整体的计划和目标要求，又要结合具体的课时单元的实际情况做相应的调整和取舍。在设计每一个课时单元的写作项目时，要通盘考虑，做到瞻前顾后、前后呼应。此外，教师还要将写作教学与阅读教学、口语教学等有机结合起来，注重彼此之间的相互渗透和相互促进。同时，教师还要根据学生实际情况和教学需要不断更新和丰富写作教学资源，不断完善和优化写作教学评价机制，以提高学生的写作水平。

七、写作项目的设计要关注学生的实际应用能力

"人的言语能力形成与发展总是离不开言语实践活动。"从根本上来讲，学生学习语言、提高言语能力的根本目的就是为了实际应用。因此，教师在设计

写作项目时要关注学生实际应用能力的培养和提高。例如，演讲比赛、辩论赛等活动作文比较适合在校学生参加；调查报告、产品介绍等比较适合学生参加社会实践活动后写；书信、日记等比较适合学生日常应用文写作等。此外，教师还可以根据学生的兴趣爱好和特长设计一些具有创造性和挑战性的写作项目，如编写故事、广告策划等。这些项目不仅可以激发学生的写作兴趣和热情，而且可以锻炼学生的实际应用能力。

总之，语文写作项目的设计原则应该以学生为中心，以提高学生的写作兴趣和水平为出发点和落脚点。教师在设计写作项目时应该充分考虑学生的实际情况和教学需要，注重培养学生的个性特长和实际应用能力。只有这样，才能真正提高学生的语文素养和综合能力。

第二节 写作项目设计的方法

一、关联教材，选取典型单元

在小学语文写作项目设计中，关联教材选取典型单元的策略是至关重要的，因为它可以帮助教师更好地理解和运用教材，提高学生的写作技能，同时也符合课程标准的要求。典型单元的选择需要基于对教材的深入理解，以及对学生学习需求的准确把握。关联教材选取典型单元的策略如下。

（一）明确教学目标

在小学语文写作项目设计中，需要明确教学目标。教师需要了解学生的写作水平，确定教学目标，包括提高学生的写作技巧、表达能力和创新思维。同时，教师需要关注学生的兴趣和需求，以便更好地激发学生的学习兴趣和动力。

（二）对比分析

在选取关联教材的典型单元时，教师需要对教材进行对比分析。教师需要仔细阅读教材，了解每个单元的主题、内容、结构和特点，以便从中选择适合学生写作水平的单元。同时，教师还需要对比不同版本的教材，选择最适合学生发展需求的单元。通过对比分析，教师可以更好地了解每个单元的特点和优点，为后续的写作项目设计提供更多的选择和参考。

（三）灵活选择

在确定教学目标和对比分析教材后，教师需要根据学生的实际情况灵活选择关联教材的典型单元。教师需要考虑学生的兴趣、需求和能力水平，选择与教学目标相符合的单元，并在此基础上进行适当的调整和修改。同时，教师还需要考虑单元之间的联系和整合，以便更好地实现跨单元整合的目标。

(四)跨单元整合

在选取典型单元后,教师需要进行跨单元整合。教师需要将不同单元中的相关内容进行整合,形成一个完整的写作项目。在整合过程中,教师需要考虑单元之间的联系和相似之处,以便更好地实现跨单元整合的目标。同时,教师还需要考虑学生的兴趣和需求,选择适合学生发展的整合方式和方法。通过跨单元整合,教师可以更好地培养学生的综合能力和创新思维。

(五)定期评估与调整

在写作项目实施过程中,教师需要定期评估学生的进展和表现,并根据反馈进行调整和改进。教师需要关注学生的写作技巧、表达能力和创新思维的发展情况,及时发现和解决问题。同时,教师还需要关注学生的学习需求和兴趣变化,及时调整教学策略和方法。通过定期评估与调整,教师可以更好地提高教学质量和效果,促进学生的全面发展。

关联教材,选取典型单元,是小学语文写作项目设计中的重要策略之一。通过明确教学目标、对比分析、灵活选择、跨单元整合和定期评估与调整等策略,教师可以更好地提高学生的写作技巧、表达能力和创新思维,促进学生的全面发展。

(六)案例分析

教师在教授"季节"主题写作时,可以选择教材中关于"四季"的单元作为典型。这些单元通常包含对四季特征的描述、对季节变化的观察日记以及一些描述不同季节的活动的文章。这些内容可以帮助学生积累关于四季的知识,并学习如何用文字表达自己的感受和观察。

通过上述策略,小学语文教师在写作项目设计中可以更好地关联教材,选取典型单元,提高学生的写作技能。这不仅有助于达成教学目标,还能激发学生的兴趣和动力,使他们更加热爱写作。同时,定期评估与调整也是非常重要的,以适应学生的需求和兴趣的变化。这样的策略可以帮助教师更好地把握教材,使教学更具针对性和实效性。

二、关联学情，创生项目内容

项目内容影响项目学习的效果，项目内容的确定应当关联学情。首先，项目内容的确定是项目学习开展的条件。在项目化学习前，教师通过预学单，根据学生真实问题出发，有针对性地设计项目内容。其次，项目内容的难度高低也影响着项目化学习的结果和效果。项目内容的难度应当根据学生现有的知识和能力水平确定。过度高于或是低于学生知识和能力水平的项目化学习是无意义的，应当将项目的难度设定在学生能力的最近发展区内，表现为学生能用现有的水平解决问题、运用能力，在解决问题、运用能力的过程中获得新潜力。

小学语文写作项目设计中关联学情创生项目内容的策略如下：

在小学语文教学中，写作是一项重要的教学内容。写作不仅是小学语文教学的重点，也是语文教学中的一个难点。在实际教学中，由于小学生的生活经验较少，写作水平相对较低，所以需要教师在教学中根据学生的实际情况进行教学设计。

（一）以生为本，充分了解学生情况

1. 分析学生的现有水平

对于小学阶段的学生来说，其语言积累还比较少，表达能力也不强，教师在教学时需要根据学生的实际能力进行合理的写作内容安排。教师可以采用一些有趣的引导方法调动学生的学习兴趣，帮助他们在日常生活中养成良好的观察习惯。对于作文的教学也需要贴近生活，可以联系生活中的一些细节引导学生，让其可以自然地用笔进行写作。对于课本上的要求以及所给的话题素材需要进行细致的分析，找准重点并且与学生日常生活紧密结合，展开写作的内容设计。教师还要从多个角度入手发现话题中可利用的教学点，通过对学生进行针对性的教学引导，让他们养成良好的学习习惯。教师只有在实际的教学中对学生做到全面了解，才能有效地设计出合理的教学内容，并可以及时进行内容上的调整与补充。

2. 充分了解学生的需求

在进行作文教学设计时，教师还需要了解学生的实际需求，结合他们的心理特点进行相关的教学安排。在教学内容的安排上，还需要从学生实际水平出发循序渐进地进行教学。小学阶段的学生都渴望得到教师以及家长的肯定与鼓励，因此在教学时，教师还需要结合学生这一心理特点进行教学评价方面的优化。对学生的作品要多鼓励，不要让学生因为教师的评价而对写作产生厌倦的心理。教师可以选取优秀的学生作品进行班级的传阅教学，还可以在教学中应用学生身边的教学资源进行内容的设计教学安排等吸引学生的学习兴趣，以充分发挥学生本身具有的学习主动性，帮助其提高作文的写作能力水平。

（二）联系生活实际，创生项目内容

对于小学生来说，生活是写作素材获取的重要来源之一。因此，教师在进行写作项目设计时，需要联系生活实际，引导学生关注生活中的细节，从而创生项目内容。例如，教师可以组织学生进行一次春游活动，让学生在活动中观察春天的景色、感受春天的气息，从而积累写作素材。此外，教师还可以通过与学生家长的沟通合作，让学生在家中参与一些实践活动，如做家务、与家人沟通交流等，从而丰富学生的生活经验，为写作提供更多的素材。

（三）引导探究思考，培养学生创新意识

在小学语文写作项目设计中，教师还需要注重培养学生的探究思考能力和创新意识。可以通过一些探究性写作项目的设计引导学生主动思考、积极探究，从而培养学生的创新思维和创新能力。例如，教师可以设计一些开放性的写作题目，如"我的梦想""未来的世界"等，让学生充分发挥自己的想象力，从而培养他们的创新意识和创新能力。此外，教师还可以通过组织一些小组讨论、交流等活动鼓励学生相互学习、相互启发，从而拓宽学生的思路和视野。

总之，在小学语文写作项目设计中，关联学情创生项目内容的策略需要教师充分了解学生的实际情况和需求，联系生活实际进行项目内容的设计和安排，同时注重引导探究思考和培养创新意识。只有这样，才能有效提高小学生的写作水平。比如，部编版五年级下册第二单元《写读后感》，在教学展开前，教师对学生进行学情的调查，了解到学生对读后感的写法有很大的疑惑，也了解到学生已经知道写读后感时要写书的内容。教师基于这样的学情，有针对性地设计了"群文细读，小组探究对比，明确读后感模板"这一环节，有效地帮助学生解决写作当中真实的问题。

三、关联主题，设计大小项目

此处的项目主要指的是小学语文写作教学中的一个完整的主题任务，这个任务可能涉及一个完整的写作过程，包括主题的提出、材料的收集、文章的构思、初稿的写作、讨论与修改等。在每一个项目下，我们还会细分为更小的子任务，以便更好地帮助学生进行写作训练。

关联主题这是指在写作项目中需要关注的主题，这些主题通常是与学生的学习生活、家庭生活、社会生活等相关的，能够帮助学生更好地理解生活、观察生活，从而更好地进行写作。关联主题设计大小项目的策略如下。

（一）将学习内容分解成一个有结构的项目群

在小学语文写作教学中，将学习内容分解成一个有结构的项目群是非常重要的。这个项目群应该包含一系列相互关联的任务和活动，形成一个完整的学习过程。通过这种方式，学生可以在一个连续的、系统的环境中学习和实践写作技能。

（二）项目群要设定项目主题

项目主题应该与小学语文写作的教学目标紧密相关，并且能够激发学生的兴趣和热情。主题的选择应该考虑到学生的年龄、经验和认知水平，以确保项目能够有效地促进学生的写作技能发展。

（三）营造具有连续性的任务情境

为了使项目更具吸引力，教师需要营造一个具有连续性的任务情境，并将项目主题分化为几个基于项目群主题的微项目。这些微项目应该具有明确的目标和要求，并且能够逐步提高学生的写作技能。通过这种方式，学生可以在完成任务的过程中不断挑战自己，提高写作水平。

（四）开展内容关联、形式各异的与写作相关的活动

为了使学生更好地理解和应用写作知识，教师需要开展内容关联、形式各异的与写作相关的活动。这些活动应该包括小组讨论、角色扮演、案例分析、模拟实践等，以帮助学生从不同的角度和层面理解和应用写作知识。同时，教师还应该鼓励学生积极参与各种形式的竞赛和展示活动，以激发学生的创造力和自信心。

1. 明确主题，精心设计项目

在小学语文写作教学中，教师要根据教学内容和学生实际情况，明确写作主题，并以此为基础精心设计大小项目。这些项目应该具有明确的目标，能够帮助学生更好地理解和掌握写作技巧。例如，在以"家乡的美景"为主题的写作教学中，教师可以设计一系列的小项目，如"搜集家乡美景的图片和故事""整理家乡美景的特点""创作描绘家乡美景的文章"等。

2. 创设情境，激发写作兴趣

在大小项目的实施过程中，教师可以通过创设与主题相关的情境，激发学生的写作兴趣。例如，在"环保"主题的写作教学中，教师可以组织学生到附近的公园或社区进行实地观察和采访，了解环保问题，收集相关素材，从而更好地进行写作。

3. 引导探究，培养自主学习能力

在大小项目的实施过程中，教师可以通过引导学生进行探究活动，培养他们的自主学习能力。例如，在"家庭趣事"主题的写作教学中，教师可以引导学生回忆家庭生活中的趣事，并鼓励他们用自己的语言进行描述和表达。通过这样的探究活动，学生可以更好地理解主题，从而更好地进行写作。

4. 注重评价，提高写作水平

在大小项目的实施过程中，教师还需要注重评价环节。评价应该包括学

生自评、互评和教师评价等多种形式。通过评价，学生可以了解自己的优点和不足，从而更好地进行修改和提高。同时，教师也应该给予学生具体的反馈和建议，帮助他们更好地进行写作。

在实施过程中，教师还应该注意以下几点：

（1）给予学生充分的支持和指导，帮助他们解决在完成任务过程中遇到的问题和困难。

（2）鼓励学生在完成任务的过程中积极思考、探索和创新，以提高他们的自主学习能力和创新意识。

（3）及时反馈和评价学生的作品，给予他们有针对性的建议和指导，帮助他们进一步提高写作水平。

总之，小学语文写作项目设计中关联主题设计大小项目的策略是一种有效的学习方式，可以帮助学生更好地理解和应用写作知识，提高他们的写作技能和自信心。同时，教师还应该给予学生充分的支持和指导，及时反馈和评价学生的作品，以帮助他们进一步提高写作水平。

第三节 写作项目设计的要素

要素，指按照确定方式联结成系统的组分（构成成分）、因素、单元。写作教学设计要素是指在写作教学设想和计划过程中，对可能要发生的写作教学产生、维持、实施、评改起着至关重要的部分。笔者初步分析出以任务、核心知识、问题、写作实践为核心的四大写作教学设计要素。要素分别回答的是：做什么（任务），关键是什么（核心知识和驱动问题），怎么做（写作实践）。

随着语文教育的发展，小学阶段的写作教学逐渐成为关注焦点。在这个阶段，学生开始尝试运用语言文字表达自己的思想和情感，而合适的写作任务设计则显得尤为重要。

一、写作任务

（一）写作任务的内涵

"写作任务"即作文的主题（题目）、相关细则和要求。写作任务是写作教学的起点，也是学生写作的动力来源。教师需要结合学生的年龄、兴趣和认知特点，设计具有趣味性和挑战性的任务。任务应该具有明确的目标，能够引导学生思考、观察、表达，并能够激发学生的写作欲望。写作行为的启动和持续，除了一般的评价、记叙和抒发自我情感等动机之外，写作任务本身起着关键的推动作用。张赛琴认为，能否写好作文与题目规定的写作内容有关，小学作文题目的难易程度应与不同学段学生观察能力的高低有关。此外，根据全美写作工程（NWP）和全美教育发展评价委员会（NAEP）的研究报告显示，学生作文命题质量与写作质量之间存在着很大的关联。无效的写作任务将会使学生丧失写作兴趣和积极性，进而产生不会写、无话写、不想写的负面影响。因此，设计合适的写作任务将能激发作者的写作欲望，进而勾起写作主体对过往生活的回忆和对未来世界自由的想象，并通过书面表达展现自己独特的观点和想法。

（二）小学语文写作任务的内容

通过研读《义务教育语文课程标准(2022年版)》和吴忠豪教授主编的《小学语文课程标准与教材研究》发现，部编版小学语文高段（5-6年级）课本五年级编排写作16次，六年级编排14次。其中纪实写作15次（含观察写作、改写缩写2次），想象写作6次，说明文4次，应用文3次，议论文2次；写作任务主要涵盖人、事、物、景四类核心话题，与学生的日常生活、学习经验紧密联系，写作训练要素也在随年段的上升而阶梯式递进。可以看出，在小学写作文体类型中，纪实类作文放在最重要的位置，这既落实课程标准中第三学段表达与交流版块对学生"养成留心观察周围事物的习惯，有意识地丰富自己的见闻，珍视个人的独特感受，积累写作素材"的要求，也符合小学高段学生位于写实关键期的心理特点。基于项目化学习的写作任务要立足于"人、事、物、景"四大核心话题，依据小学高段学生写实关键期的特点，将学生、语文和社会紧密结合起来，充分利用学生亲身所经历过的事件，所看过的人物和景物，引导学生从"观物"到"观我"，抒发内心的真实情感。

（三）设计合适写作任务的意义

（1）培养学生的语言表达能力。通过写作任务，学生可以锻炼自己的语言表达能力，包括遣词造句、布局谋篇、情感表达等。

（2）提高学生的思维能力和想象力。写作任务需要学生思考、分析和表达，这有助于提高学生的思维能力和想象力。

（3）促进学生的全面发展。写作任务不仅关注学生的语言能力，还涉及学生的情感、态度和价值观等方面，有助于学生的全面发展。

（四）小学语文写作任务

（1）命题作文。教师给出题目，学生根据题目要求进行写作。这个任务可以锻炼学生的语言表达能力，同时也需要学生具备一定的思维能力和想象力。

（2）观察生活写作。教师引导学生观察生活中的事物，记录自己的感受和思考。这个任务可以培养学生的观察力和思考力，同时也能帮助学生更好地表达自己的情感和态度。

（3）看图写作。教师提供一幅图画，学生根据图画内容进行写作。这个任务可以锻炼学生的观察力和想象力，同时也需要学生具备一定的语言表达能力。

（4）故事编写。教师给出一些素材或情境，学生根据这些元素进行故事编写。这个任务可以培养学生的想象力和创造力，同时也需要学生具备一定的思维能力和语言表达能力。

总的来说，设计合适的写作任务对于小学语文教学具有重要意义。通过合理的项目设计，可以帮助学生培养语言表达能力、思维能力和想象力，同时也能促进学生的全面发展。在未来的教学中，我们应该继续探索和研究更有效的写作教学方法，以更好地满足学生的需求和发展。

二、写作核心知识

众所周知，核心知识是项目化学习的关键要素之一，是项目化学习的主干，基于项目化学习的小学写作教学设计也离不开对写作核心知识的确定。在写作教学中，核心知识是指与写作技能、表达方式、修辞手法等相关的基础知识。教师需要将这些知识融入写作任务中，帮助学生理解并掌握。同时，教师还应该提供一些典型的范文，引导学生学习优秀作品的写作技巧和方法。

语言学教授希尔斯等人在致力于课程与教材改革进程中提出，核心知识具有共享、稳定、序列和具体的原则；安富海认为，核心知识是反映学科本质、能促进学生对现实世界认识和理解的关键知识，具有统摄性、本质性和衍生性的特点。

上述这些观点都表明核心知识是教学活动的轴心骨，一头链接着学科本质，一头链接着学生认知，在整个教学环节中起着牵一发而动全身的作用。对于写作核心知识而言，张忠诚认为，核心写作知识是程序性、策略性的写作知识，是如何写的步骤、程序。张教师从学情的角度出发，表明程序性知识是学生完成写作任务的关键步骤。项目化写作核心知识是指在一个学期、单元、课时的写作教学活动中，必须要让学生理解、掌握和感知的写作概念、表达技能与价值观。通过写作核心知识的学习，学习者能在具体的语用情境中理解和运用写作的相关内容，并发现知识与情境内在关联性，实现理解学科本质与自我表达提升的双重价值。项目化写作中的核心知识因其语言和形式具有不可分割性，工具性和人文性需统筹考虑，所以小学写作教学中的核心知识往往可以包含两类：一类是写作所涉及的关键概念和写作能力，重点指向工具性，如人事物景的描写方法和特点、缩写故事、列提纲、创造性复述和总结等；另一类则关注人文性，与学生生活实际、成长经历有关的概念，如喜怒哀惧、家人、同学、教师和社区等。

写作核心知识的内容如下：

（1）语言表达。在写作中，语言表达是核心知识之一。学生应该学会正确使用词语、句式和修辞手法等，使写作表达更加生动形象。教师可以通过写作技巧的讲解和示范，帮助学生掌握语言表达的核心知识。

（2）观察与思考。观察与思考是写作的基础。学生应该学会观察生活中的事物和现象，并从中发现有价值的信息和主题。同时，要注重思考和分析，挖掘事物的内在意义和价值，为写作提供有力的支撑。

（3）结构与布局。在写作中，结构与布局是至关重要的。学生应该学会安排文章的结构和布局，使文章条理清晰、层次分明。教师可以通过指导学生对范文进行分析和借鉴，帮助学生掌握结构与布局的核心知识。

（4）情感表达。情感表达是写作的灵魂。学生应该注重情感的真实表达，关注自己的内心世界和情感体验。同时，要注重情感的抒发和传递，使写作具有感染力和共鸣性。

小学语文写作项目设计要素与核心知识对于提高学生的写作水平具有重要意义。在项目设计中，应该明确教学目标、丰富内容、组织有序、评价反馈。在写作教学中，应该注重语言表达、观察与思考、结构与布局、情感表达等核心知识的传授和培养。通过不断实践和探索，相信学生的写作水平会得到不断提高。

三、驱动性问题

驱动性问题是指能够引导学生深入思考、探究和表达的问题。这些问题应该具有启发性和开放性，能够激发学生的想象力，培养他们的思维能力和创新能力。在写作教学中，教师可以设计一些与写作任务相关的问题，引导学生思考和讨论，帮助他们拓展思路，提高写作水平。

有了写作的核心知识，如何激发学生对写作概念、表达技能与价值观进行主动的学习和思考呢？正如巴克斯和坦布森所言，知识的获得来源于对问题的认知和理解的过程。学习开始时遇到问题，问题本身推动了解决问题和推理技能的应用，同时也激发了学生自己查找信息、学习关于此问题的知识和结构以及解决问题的办法。可见，通过问题能激发学生主动学习相关概念并在解决问题的过程中获得相应的思维训练和技能。因此，设计驱动性问题是写作教学设计中的关键一环。

驱动性问题是激发学生对写作核心知识进行主动探究的关键问题，具有强烈的代入感和浓厚的趣味性，问题的解决过程既能令学生感兴趣而且也能获得相应的写作知识和技能，提升写作素养。结合课程标准在第三学段对学生在表达与交流版块的要求和小学高段学生的身心发展特点，小学写作的驱动性问题的设计可从以下两个方面入手。一是充分利用学生写实关键期的特点。设计问题时紧密结合日常生活中可以接触到的人、事、物、景，在真实的问题情境中发展语言表达，习得语言素养。二是关注社会性互动和团队合作。小学高段学生的情绪敏感度较低、中段有了很大的不同，自尊心明显增强，会注重在什么场合发言，私下组建不同的学生小团队。可以引导学生在合作学习中相互学习，在社会性互动中共同发展，懂得在自我表达中关注他人，明白表达与交流的重要性。

驱动性问题是指能够激发学生兴趣、引导学生思考和参与的问题。在小学语文写作项目中，教师可以根据不同的主题和目标，设计以下几种类型的驱动性问题。

（1）观察性问题。观察性问题通常需要学生通过观察周围环境或事物来寻找答案。这种问题可以帮助学生培养观察力和注意力，同时也能激发他们的好奇心和探索精神。例如，可以设计一个关于四季变化的观察性写作项目，让学生观察四季的不同景色，并记录下来。

引导学生观察生活中的事物，如花草树木、人物表情等，培养他们的观察能力和想象能力。例如，"你觉得这些植物有什么特点？你能用哪些词语或句子来描述它们？"

（2）思考性问题。思考性问题需要学生运用自己的思维去分析和解决问题。这类问题可以帮助学生培养独立思考的能力，同时也能激发他们的创新精神。例如，可以设计一个关于环保问题的思考性写作项目，让学生思考如何减少垃圾的产生，并给出自己的解决方案。

引导学生思考生活中的问题，如环保问题、人际关系问题等，培养他们的思维能力和分析能力。例如，"你认为我们应该如何保护环境？你遇到过哪些人际关系问题？你是如何解决的？"

（3）实践性问题。实践性问题需要学生通过实践活动来完成。这类问题可以帮助学生将所学知识应用到实际生活中，同时也能增强他们的实践能力。例如，可以设计一个关于家务管理的实践性写作项目，让学生设计一套合理的家务分工方案，并在家庭中实施。

通过实践活动引导学生体验生活、感受生活，如参加活动、调查访问等，培养他们的表达能力和创新精神。例如，"学校要组织一次文艺演出，你准备表演什么节目？你能向大家介绍你的节目创意吗？"

我们可以设计一些驱动性问题引导学生进行观察、思考和实践。例如：

（1）为什么四季变化如此美丽？你能从哪些方面证明你的观点？请写一篇

短文描述你的观察结果。

（2）如果你是一名环保小卫士，你会采取哪些措施减少垃圾的产生？请提出你的解决方案并写一篇短文描述你的想法。

（3）你家中有哪些家务分工不合理的地方？你有什么改进的建议？请设计一套合理的家务分工方案并写一篇短文描述你的想法。

驱动性问题的设计可以帮助学生在项目中更积极地参与进来，主动去发现和解决问题，从而实现深度学习。教师在项目的设计和实施过程中起着重要的引导作用，应当关注学生的表现，提供必要的支持和帮助，以确保项目的顺利进行。

四、写作实践

（一）写作实践概述

写作实践是写作教学的重要环节，学生需要通过不断的练习提高自己的写作水平。教师需要提供足够的写作时间和空间，鼓励学生自由表达，发挥自己的创造力和想象力。同时，教师还应该给予学生及时的反馈和指导，帮助他们发现自己的不足之处，并给予针对性的建议和帮助。

"实践"强调"做"和"学"的统一，基于项目化学习的写作教学不仅包含着"学习"，即对于写作核心知识的理解，也包含着"行动"，在写作过程中习得表达技能与素养。基于项目化学习的小学高段写作实践活动，是指由学生在写作过程中展开的探究性、社会性和审美性写作实践。

探究性写作实践，是针对写作驱动性问题，进一步展开分析和解决问题的过程。在探究性写作实践中，学生往往会被赋予身份意识，可能是基于某一个人物身份，学习该身份所具备的素养，运用一系列的方法和流程化解问题。通过对小学写作内容的梳理，探究性写作实践较为适用于应用文文体的写作。比如，汉字的研究性报告（五下）、环境保护的倡议书（六上）和毕业联欢策划案（六下），可以看出以上的三个应用文写作都有其相似之处即提出问题、分析问题和解决问题。

社会性写作实践更加关注学生在写作过程中的沟通表达与共情能力，在听、说、读、写这四项基本语文实践活动中，展开社会性交往互动可获取信息解决写作驱动性问题。具体来说，可通过小组讨论、合作调查资料等互动过程中了解事物的不同信息，在交流碰撞中拓宽写作思路，促进自己看法和观点的生成。可用于小学写作中议论文和说明文的写作过程。例如，介绍一种事物（五上）、推荐一本书（五上）、写读后感（五下）、中国的世界文化遗产（五下）、漫画的启示（五下）、家乡的风俗（六下）。以上所列举的写作主题都可以在交流互动中习得不同的信息，拓宽视野。

审美性写作实践强调通过视觉、音乐、舞蹈、戏剧、多媒体等方式运用于写作过程，丰富写作成果呈现形式，进行可视化的审美创作。可适用于小学高段想象作文，比如，二十年后的家乡（五上）、神奇的探险之旅（五下）、变形记（六上）、笔尖流出的故事（六上）、插上科学的翅膀飞（六下）；也可以用于观察作文，即景（五上）、多彩的活动（六上）。纪实性作文可以根据具体的教学内容选择多种写作实践的结合。比如，我的拿手好戏（六上）可以使用探究性写作实践与审美性写作实践组合的方式展开写作。需要注意的是，这三类写作实践活动并不是只可以单独使用，在一个具体的写作内容中，可以根据实际需要，使用多元的学习实践，激发学生的写作兴趣，实现高效的写作。

（二）写作实践设计

写作实践是小学语文教学的重要组成部分，是培养学生写作能力、语言表达能力、思维能力和审美能力的重要途径。在小学语文教学中，教师需要注重写作实践的设计，以提高学生的写作水平。

1. 设计目标

小学语文写作项目的主要目标是培养学生的写作兴趣和表达能力，让他们能够用文字表达自己的思想和情感，同时提高他们的观察力、思考力和创造力。具体目标包括：

（1）提高学生的写作技能，包括遣词造句、布局谋篇、主题表达等。

（2）培养学生的观察力和思考力，让他们学会从生活中汲取素材，发现生活中的美好。

（3）增强学生的自信心，让他们在写作过程中体验到成就感，从而激发他们对写作的热爱。

2.实践方法

（1）素材积累。引导学生观察生活，积累生活中的素材，如人物、事件、景物等。

（2）范文阅读。选择优秀的范文供学生阅读，让他们学习范文的写作技巧和表达方式。

（3）小组讨论。鼓励学生进行小组讨论，分享自己的想法和感受，互相启发。

（4）自由写作。给学生提供自由写作的机会，让他们自由发挥，不受限制地表达自己的思想和情感。

3.实施步骤

（1）准备阶段

①确定写作主题。根据教学大纲和学生的实际情况，选择合适的写作主题。

②准备素材。收集相关的图片、视频、文字资料等，供学生参考。

③制定教学计划。根据学生的实际情况，制订详细的教学计划，包括教学时间、教学内容、教学方法等。

④分配小组。根据学生的兴趣和特长，将学生分成若干小组，以便于合作学习。

（2）实施阶段

①导入主题。通过讲解、展示图片或视频等方式，引导学生进入写作主题。

②小组讨论。鼓励学生进行小组讨论，分享自己的想法和感受，互相启发。

③写作指导。针对学生的疑惑和问题，给予写作技巧和表达方式的指导。

④自由写作。给学生提供自由写作的机会，让他们自由发挥，不受限制地表达自己的思想和情感。

⑤反馈与修改。对学生的初稿进行反馈和修改指导，帮助他们进一步提高写作水平。

（3）总结阶段

①成果展示。将学生的写作成果展示出来，鼓励他们互相学习和交流。

②评价与反馈。对学生的写作进行评价和反馈，指出优点和不足，提出改进建议。

③总结与反思。对整个教学过程进行总结和反思，找出存在的问题和不足，为今后的教学提供参考。

4.案例展示

"寻宝之旅"活动设计：学生分成几个小组，模拟寻宝队伍进行探险寻宝活动。要求学生在活动中观察人物表现和环境变化，记录所见所闻所感。活动结束后，要求学生对寻宝过程进行总结和反思，写出自己的心得体会。在写作过程中，教师要注意引导学生运用正确的语言表达和修辞手法，鼓励学生大胆尝试和创新。

在写作实践过程中，教师需要注重评价和反馈，及时给予学生指导和帮助。评价方式可以采用教师评价、学生互评、自我评价等多种方式。评价内容主要包括学生的写作兴趣、观察能力、表达能力、思维能力和审美能力等方面。通过评价反馈，教师可以了解学生的写作水平，及时调整教学策略和方法，帮助学生更好地提高写作能力。

在小学语文写作实践中，教师需要注重设计要素的把握和运用，注重实践活动的组织和管理，注重评价和反馈的及时性和有效性。同时，教师还需要不断反思总结，不断改进和完善实践活动的设计和实施，以更好地提高学生的写作水平。

总之，小学语文写作实践是提高学生写作能力的重要途径之一。通过实践活动的设计和实施,可以培养学生的观察能力、思维能力和表达能力,提高学生的审美能力和情感表达水平,同时还可以培养学生的团队协作意识和能力。教师在实践中需要注重把握设计要素,注重评价和反馈的及时性和有效性。

第四节　写作项目设计的流程

一、解读写作任务，简要概述项目

（一）解读写作任务

对写作任务进行细致地分析和梳理，简单地概述和说明项目写作的任务是项目化写作教学的首要步骤。写作任务语境包括读者、目的、角色、话题、语言等要素，它们才是写作真正重要的"潜在动机资源"。所谓的"潜在的动机资源"大体上构成写作任务，与写作任务有着密切的联系，如果教师能对这些"潜在的动机资源"进行较好的解读和优化，那么教师教学思路将明晰起来，学生的写作过程将变得更加容易。

教师解读写作任务要从内容、写作要素、身份、对象、目的、细则、素材这6个关键点出发，即进一步明确本次的写作教学的写作主题是什么、要达到写作训练核心是什么、学生可处于什么样的身份进行写作、写作的意图是什么、一些常规的写作要求是什么（文体、结构、策略、语言风格、字数要求）、可运用的写作素材有哪些。这6个关键点的分析，能有效帮助教师明确教学任务，合理搭建教学支架，建构合乎实际的评价标准，创设真实的写作任务情境，从而更好地激发学生的写作欲望，推动写作教学进程的持续展开。

（1）内容。要了解本次写作任务的主题是什么，具体的内容是什么。

（2）写作要素。需要关注关键的写作要素，如描写手法、语言表达、逻辑结构等。

（3）身份。学生需要明确自己的角色和身份，以便更好地表达和描述。

（4）对象。写作的对象是谁，是读者还是老师，或者是某种特定的情境。

（5）目的。学生需要明确本次写作的目的，是为了提升写作技能、锻炼思维能力还是传递某种情感。

（6）细则。为帮助学生更好地完成任务，还可以提供一些细则，如需要注意的语法规则、字数要求、时间限制等。

（7）素材。根据写作任务的主题和内容，学生需要提前收集相关的素材，如文字、图片、视频等。

（二）简要概述项目

在对写作任务进行分析之后，结合写作任务的7个关键点，简要概述项目有助于项目化写作教学进程有序的展开。基于对相关项目化学习案例的分析和阅读，项目化写作中项目概述部分，是对本次写作教学项目主要内容的客观描述（即对写作教学将做什么有一个简单的描述），以提供本次写作项目内容梗概为目的，不加评论和补充解释，简明、确切地记述写作教学重要内容的短文。其基本要素包括：背景、对象、目的、活动、方法和结果。具体地讲就是本次写作教学的主要内容和项目目标，采用的学习实践活动和写作支架，拟想得到的写作结果。简要概述项目能让教师和上层教育教学负责人尽快了解本次授课的主要内容和教学目标，便于学生更好地明白本次学习的落脚点，明确项目化写作的主题。

（1）背景。这个项目是基于当前小学语文写作教学的现状和需求而设计的，旨在提高学生的写作能力和综合素质。

（2）对象。项目面向的是小学一到六年级的学生，他们将在老师的指导下进行写作训练。

（3）目的。项目的目的是通过一系列的写作训练，帮助学生掌握基本的写作技巧和方法，提高他们的写作能力和思维能力。同时，也希望通过这个项目，培养学生的创新精神和合作意识。

（4）活动。项目包括多个环节，如解读写作任务、小组讨论、写作实践、成果展示等。每个环节都有明确的目标和要求。

（5）方法。项目采用多种教学方法，如讲解示范、小组讨论、互动交流等，以适应不同层次学生的需求。同时，也鼓励学生自主学习和探究。

（6）结果。通过这个项目，学生可以掌握更多的写作技巧和方法，提高他们的写作能力。同时，他们也将收获更多的思维能力和创新精神。这些能力将对他们未来的学习和生活产生积极的影响。

小学语文写作项目设计是一个系统性的工作，需要综合考虑写作任务、学生需求、教学方法等多个方面。通过这样的项目设计，可以更好地提高学生的写作能力和综合素质，为他们的未来发展打下坚实的基础。

（三）解读写作任务，简要概述项目的注意事项

（1）理解写作任务。教师需要明确本次写作任务的主题和要求，了解学生的知识水平、理解能力和兴趣爱好。

（2）明确项目目标。在了解任务后，教师应根据任务性质，明确本次项目的教学目标，如培养学生的团队协作能力、观察能力、思考能力等。

（3）任务分析。教师需要分析写作任务中需要学生掌握的写作技巧和知识，如描述、分析、评价等。

二、研究学生情况，确定写作目标

（一）研究学生情况

1. 学生实际写作经验

（1）写作经验。了解学生在以往的写作训练中的表现，包括他们的写作技巧、语言运用能力以及在写作过程中遇到的问题。

（2）生活经验。了解学生的生活环境、兴趣爱好、社交媒体使用习惯等，以便更好地把握他们的写作素材和情感表达。

（3）年龄发展特征。分析学生的年龄段和发展阶段，以便在项目设计中考虑学生的认知特点和发展需要。

2. 写作任务所需的写作经验

（1）写作文体。根据写作任务的特点和要求，确定需要学生掌握的文体类

型，如记叙文、说明文、议论文等。

（2）技能。明确学生在写作过程中需要掌握的技能，如选材、构思、语言表达、修改等。

（3）价值观。了解学生的价值观和情感态度，以便在项目设计中引导学生树立正确的价值观和情感态度。

（二）确定写作目标

根据研究结果，确定本次写作项目的总体目标，包括知识目标、技能目标、情感态度目标等。具体目标应该具有针对性、明确性和可操作性，能够反映学生的实际需求和发展需要。以下是一个可能的写作目标示例。

（1）知识目标。了解不同文体的写作特点，掌握记叙文、说明文和议论文的基本结构。

（2）技能目标。能够根据写作任务的要求，选择合适的素材，构思出合理的情节和结构，运用恰当的语言表达自己的观点。

（3）情感态度目标。通过本次写作项目，培养学生的观察力和思考力，激发他们的创新意识和探索精神，提高他们的自信心和表达能力。

在确定写作目标时，应该充分考虑学生的实际情况和项目特点，注重目标的层次性和递进性，以便更好地激发学生的学习兴趣和动力。同时，还应该注重目标的可操作性和可评估性，以便在教学过程中进行有效的监控和评估。

（三）研究学生情况，确定写作目标的注意事项

（1）学生分析。教师应了解学生的现有知识水平、兴趣爱好、理解能力等，以便制定适合学生的教学策略。

（2）确定教学目标。教师应根据学生的实际情况，确定本次写作的目标，目标应具有可操作性，且与写作任务紧密相关。

（3）制订教学计划。教师根据教学目标和学生情况，制订合适的教学计划，包括教学内容、教学方法、教学时间等。

具体流程如下：

（1）引入话题。教师可以通过一些有趣的问题或故事，引导学生进入本次写作主题，激发学生的学习兴趣。

（2）小组讨论。教师组织学生进行小组讨论，引导学生思考和讨论与主题相关的问题，帮助学生理解写作任务。

（3）制订计划。学生根据讨论结果，制订自己的写作计划，包括写作内容、写作技巧等。

（4）反馈指导。教师对学生的写作计划进行反馈和指导，帮助学生完善写作计划。

（5）实施写作。学生按照自己的写作计划进行写作，教师给予必要的帮助和指导。

（6）修改完善。学生完成初稿后，进行自我修改和小组互评，进一步完善作品。

（7）展示评价。教师组织学生进行作品展示和评价，帮助学生互相学习，提高写作水平。

（8）总结反思。教师对本次教学项目进行总结和反思，不断优化教学策略，提高教学质量。

通过以上流程，教师可以帮助学生更好地理解和完成写作任务，提高学生的写作水平和兴趣爱好。同时，教师也需要注意在教学过程中不断调整教学策略，以适应不同学生的需求和特点。

三、提取核心知识，设计驱动问题

在对写作任务、学生基本情况进行了解之后，如何掌握写作核心知识、提高写作能力、发展核心素养是教师必须要面对的问题。

（一）提取核心知识

（1）现行语文课程标准。需要了解当前小学语文课程标准的最新要求，明确写作教学目标和教学内容。这样可以确保教学设计符合国家教育方针的写作项目，同时也能够确保教学质量的稳定和提高。

（2）具体的写作任务。需要仔细分析具体的写作任务，了解学生的写作要求、文体、字数等，并根据任务特点提取相关的核心知识。

（3）单元人文主题。在每个单元中，通常都有一个人文主题，这是学生情感态度、价值观形成的重要载体。需要根据单元主题提取相关的核心知识，以培养学生的情感态度和价值观。

（4）语文要素。语文要素是语文课程的核心要素，包括识字写字、阅读、口语交际、写作等多个方面。需要根据单元内容提取相关的语文写作教学要素，并将其作为写作教学设计的重点。

（5）学生基本情况。对学生的基本情况进行深入了解，包括学生的知识水平、认知能力、兴趣爱好等，可以帮助教师更好地设计符合学生实际需求的写作教学内容和方法。

（二）设计驱动问题

根据提取的核心知识，需要设计一系列驱动问题，引导学生思考、讨论、实践，以帮助他们更好地理解和掌握相关知识和技能。驱动问题需要具有启发性、针对性和层次性，能够激发学生的学习兴趣和动力，促进他们的自主学习和探究能力。

（三）利用核心知识设计驱动问题

在设计好驱动问题后，需要根据核心知识，将这些驱动问题整合成一系列具有连贯性和系统性的问题链，以帮助学生逐步深入地理解和掌握相关知识和技能。同时，还需要根据学生的实际情况和反馈，不断调整和优化问题链，以确保教学效果的不断提高。

四、初定评价标准，分享写作要点

项目化写作因其具有逆向设计、以始为终的特点，在对写作项目进行目标确定和驱动性问题生成之后，需要考虑项目成果评价部分，由此反观写作进程，提高写作的质量和效率。

（一）评价内容

在小学语文写作项目中，评价内容主要包括两个方面：一是学生写作成果的质量，二是学生在写作过程中的表现。

学生写作成果的质量主要考察学生的语言表达、逻辑思维能力、主题把握能力等。语言表达方面，学生应能够流畅、准确地表达自己的思想，同时也要注意语言的生动性和美感。逻辑思维能力方面，学生应能够清晰地表达自己的观点，逻辑严谨，不出现明显的逻辑错误。主题把握能力方面，学生应能够准确地把握写作主题，围绕主题展开写作，不偏离主题。

学生在写作过程中的表现则主要考察学生的写作态度、写作技巧、合作能力等。写作态度方面，学生应认真对待每一次写作任务，积极思考，认真完成。写作技巧方面，学生应能够掌握基本的写作技巧，如分段、标点、修辞等。合作能力方面，学生应能够与同伴协作，共同完成写作任务，互相学习，共同提高。

（二）评价方法

1. 明确写作主题

需要明确写作的主题和内容，确保学生能够围绕主题展开写作。这个过程需要教师根据学生的实际情况和教学目标进行合理的引导和指导。为了帮助学生更好地展开写作，教师可以提供一些相关的素材和资料，如图片、视频、故事等，以便学生能够从中获取灵感和素材。

在写作过程中，教师需要引导学生思考，帮助他们打开思路，激发他们的想象力和创造力。可以通过提问、讨论等方式引导学生思考，帮助他们找到写作的方向和重点。教师需要对学生进行一定的写作指导，包括段落安排、句子表达、修辞手法等方面的指导。教师还可以通过修改学生作文的方式，帮助学生发现自己的问题并加以改进。

2. 确定评价标准

（1）准确性和流畅性

准确性是指学生在写作中使用的语言是否准确、恰当，表达是否清晰明了。流畅性则是指学生的写作是否通顺、连贯，是否有逻辑性。这两项标准是评价学生作文的重要指标。

（2）情感表达

情感表达是作文评价的重要方面。学生是否能够真实地表达自己的情感和思想，是否能够引起读者的共鸣，也是评价标准之一。

（3）结构安排

结构安排是指作文的段落安排、层次分明、逻辑清晰等方面。评价学生作文时，教师需要关注学生的结构安排是否合理、是否有条理。

3. 分享写作要点

（1）注重细节描写

细节描写是作文中非常重要的一个方面。通过细节描写，可以让读者更好地了解人物形象、环境氛围等，使作文更加生动形象。

（2）合理运用修辞手法

修辞手法的运用可以让作文更加生动有趣。学生可以尝试使用比喻、拟人、夸张等修辞手法增强作文的表现力。

（3）注意语言的准确性和流畅性

在写作过程中，学生需要注意语言的准确性和流畅性，避免出现语法错误和表达不清的情况。同时，也要注意保持文章的连贯性和逻辑性。

（4）积极思考和表达

在写作过程中，学生需要积极思考和表达自己的想法和感受。通过不断思考和尝试，可以提高自己的写作能力和表达能力。

（5）反复修改和完善

在完成初稿后，学生需要反复修改和完善自己的作文，包括语法、用词、表达等方面。通过反复修改，可以提高作文的质量和表现力。

（三）评价主体

项目化写作中的评价并不仅仅是教师、学生间的相互点评，更包括小组内部或小组间以及家长等社会人员的共同参与，营造真实性和整体性的评价氛围。多元评价主体的共同参与能增强学生的责任感使其对自己的写作行为负责，激励学生在写作学习过程中解决真实问题，培养学生在同伴合作中增强改善自身写作不足的意识，最终促进学生写作能力的提高。

1. 教师评价

教师在项目化写作教学中不再是日常写作评价的审判者，更为重要的角色是支持者，即更多的作为旁观者的角色，在关键的时候提供必要帮助，支持学生成为评价的核心主体，由此促进学生写作能力的自主发展。项目化写作教学评价中教师的必要帮助主要表现在以下几个方面。第一，在入项初期、驱动性问题设计完之后，与学生分享本次写作教学的总体目标和初定写作评价量规。以评价标准反向促进学生了解本次学习的核心知识和行动方向，支持学生形成自己独特的写作路径和团队写作目标。第二，在进行学习实践、小组展开项目行动之前，为学生提供本次写作或各类作品的例文和示范，并对这些作品进行"头脑风暴"的点评，共同完善教师初定的写作评价量规。在全班集思广益下对现有作品进行质量的点评和判断，引导学生对作品的好坏达成共识，不断将写作评价的标准透明化和大众化。第三，在小组合作之前，向学生示范教师是如何通过量规评价别人的作品的。即给学生互评提供一个评价示范过程，使之掌握正确的评价步骤和思路。第四，在学生展示成果时，从学习态度、合作情况、知识获取、能力提高和最终成果这几个内容进行点评。

2. 学生自评或互评

项目化写作中核心的评价关键人物是学生自评或互评，对写作进行点评的过程其目的直接指向促进写作的评价。但较之于日常的写作教学，项目化写作自评与互评不是简单根据教师所制定的评价量规进行打勾或评语，更大的变化主要表现在以下几点。首先，根据教学目标和写作任务，与教师一起修订初定的写作评价量规，成为评价量规的制定者。学生能结合具体的学习内容，用不同的视角评价他人和自己的写作成果，从而改进学习。其次，学生参与评价的过程不局限于最后的成果展示环节，而是随着项目化写作进程的推进，在入项初期、学习实践探究阶段、成果展示阶段都有大量的参与。引导学生对自己的写作进程负责，激发自我责任感。最后，学生的评价不仅是在打勾、对他人的评语和等级评判，更涉及小组内部的面对面的交流和协商，以及自我的反思和改进方向，这样为学生提供了学习合作共同体和自我元认知的学习支架，让学习好的学生能更好地运用和迁移知识，让学习较差的学生能理解和掌握知识。

3. 家长或其他社会人员评价

在日常的写作教学过程中，家长或其他社会人员的评价是很少出现的，但在项目化写作教学中可让家长或其他社会人员参与到成果的评价中，有助于提高学生的参与度并促进成果高质量的产出。当学生想到自己的父母或是其他的社区人员、专家教师将要查看自己的学习结果，他们将会更加积极主动地调动自己的认知，克服困难，尽全力优化和展示成果。那么家长或其他社会人员的评价可以从哪些评价内容入手呢？一方面，对于家长来说，可以从学生原有的写作水平角度出发，客观地评价自己孩子在写作上的进步，从写作成果展示中看到学生的创造性和内心的真实感受，看到学生在校的学习情况。另一方面，从专家角度来看，可以为学生的每一个环节做出客观的点评和优化建议，以激励孩子们更好地学习。此外，从社区等其他人员来看，可以从学生写作项目成果的社会影响角度做出合乎实际的点评，提供社会视角为孩子拓宽写作意义。

通过上述的流程，我们可以看到小学语文写作项目设计流程的重要性。它不仅有利于提升学生的写作技能，还有助于培养他们的自我评估能力，增强他们的团队协作精神，以及提升他们从他人反馈中学习的能力。同时，这也为家长和其他社会成员提供了参与孩子教育的重要机会，进一步增强了家庭和学校之间的合作关系。这个流程也鼓励了更多的社会力量参与到语文教育中来,为提升整个社会的语文素养作出贡献。

五、搭建写作支架,提供疑难解惑

在小学语文写作教学中,教师需要注重搭建写作支架,为学生提供疑难解惑的途径。首先,教师需要分析学生的写作水平,了解学生的薄弱环节,从而有针对性地设计写作支架。支架可以是问题清单、范文分析、技巧讲解等,帮助学生掌握写作的基本知识和技能。其次,教师需要关注学生的疑难问题,为学生提供具体的解决方案。在写作实践中,学生可能会遇到一些难以解决的问题,如不知道如何表达情感、不会选择合适的词汇等。此时,教师需要及时给予指导和帮助,通过一对一的交流、范文示范、讨论等形式,引导学生掌握解决问题的技巧和方法。

（一）写作支架的设计

（1）结构支架。根据写作主题,为学生提供一个清晰的文章结构框架,如"三段式"结构（开头、主体、结尾）。这样可以帮助学生在写作时有一个明确的方向,避免文章结构混乱。

（2）素材支架。提供一些与写作主题相关的素材,如图片、词语、句子等,帮助学生积累写作素材,丰富文章内容。

（3）表达支架。提供一些表达技巧和语法知识,如如何使用修辞手法、如何描述细节、如何表达情感等,帮助学生提高语言表达能力和准确性。

（二）疑难解惑

（1）缺乏素材。通过引导学生观察生活、阅读书籍、参加活动等方式,积累写作素材。

（2）不知如何布局。通过讲解文章结构,帮助学生了解不同类型的文章布局特点,如记叙文、议论文等。

（3）表达不清。通过反复修改和反馈,帮助学生提高语言表达能力和准确性。

（三）实施方法

（1）选定写作主题。根据教学进度和学生水平，选定合适的写作主题。

（2）设计写作支架。根据写作主题，设计结构支架、素材支架和表达支架。

（3）指导与反馈。在写作过程中，教师给予学生必要的指导，解答学生的疑问。同时，对学生的作品进行反馈和修改建议，帮助学生提高语言表达能力和准确性。

（4）展示与评价。学生完成作品后，进行展示和评价，鼓励学生互相学习，取长补短。

（四）效果与反思

通过搭建写作支架，提供疑难解惑的方式，学生的写作水平得到了显著提高。他们更加了解如何布局文章、积累素材和表达情感。同时，这种方式也增强了学生对于写作的兴趣和自信心。

然而，在实施过程中，我们也发现了一些问题。例如，部分学生对新的教学方式感到不适应，需要更多的时间适应和掌握。此外，教师的工作量也相应增加，需要更多的时间和精力设计和指导学生的作品。因此，需要进一步优化写作支架的设计，使其更加符合学生的需求和教师的教学习惯。同时，也需要加强对教师的培训和支持，提高他们的教学能力和专业素养。

搭建写作支架，提供疑难解惑是一种有效的小学语文写作项目设计。它不仅可以提高学生的写作水平，还可以增强他们对于写作的兴趣和自信心。通过不断的优化和改进，相信这种教学方式会在小学语文教学中发挥更大的作用。

六、指导写作实践，观察记录表现

（一）指导写作实践，观察记录表现的方法

以项目化学习为切入点，以期解决写作教学活动的困难，需要设计出合适的语文学习实践，在丰富的语文实践活动中获取写作知识、磨炼意志、积累写作素材，最终促进写作能力的发展和写作素养的提升。基于项目化学习的小学高段写作实践活动主要由探究性写作实践、社会性写作实践和审美性写作实践构成，在一个具体的写作教学中，可以根据实际需要，采用多元的写作实践活动，激发学生的写作兴趣，实现高效的写作。

在指导学生进行写作实践时，教师需要注重观察和记录学生的表现，了解学生的进步情况。首先，教师要根据教学目标和任务，设计多样化的写作题目和形式，激发学生的学习兴趣和创造力。同时，教师还需要对学生的写作过程进行观察和指导，确保学生能够正确运用写作技巧和方法。其次，教师需要记录学生的表现，分析学生的优点和不足之处。通过观察和记录，教师可以更好地了解学生的写作能力和兴趣爱好，为后续的教学提供依据。此外，教师还需要鼓励学生自我反思和相互评价，帮助学生发现自己的不足之处并寻求改进方法。

总之，小学语文写作项目设计流程需要注重搭建写作支架、指导写作实践和观察记录表现等方面。通过这些措施的实施，教师可以帮助学生掌握写作的基本知识和技能，提高写作能力和创造力。同时，教师还需要关注学生的情感和心理需求，为学生提供必要的支持和帮助。只有这样，才能真正实现小学语文写作教学的目标。

（二）指导写作实践，观察记录表现环节实施案例

1. 背景与目标

随着新课程改革的不断深入，小学语文写作教学越来越注重学生的实践能力和观察能力的培养。本次写作项目旨在通过观察记录表现，提高学生的观察能力、思考能力和表达能力，同时培养学生的创新精神和实践能力。

2. 项目内容

（1）确定观察对象

教师和学生共同选择一些具有代表性的观察对象，如植物、动物、建筑物等。这些对象需要具有一定的特点，以便于学生进行观察和记录。

（2）制订观察计划

教师根据观察对象的特点，制订详细的观察计划，包括观察时间、观察方法、记录方式等。学生根据教师的要求，制订个人观察计划，并按照计划进行观察。

（3）观察与记录

学生按照个人观察计划，进行观察并记录观察结果。教师定期组织学生进行交流分享，互相学习，共同进步。

3.项目实施过程

（1）准备阶段

教师向学生介绍本次写作项目的内容和目的，引导学生了解观察对象的特点和观察方法。同时，教师为学生准备相关的书籍、资料和工具，为学生提供必要的支持。

（2）实施阶段

学生按照个人观察计划进行观察和记录，教师定期组织学生进行交流分享，鼓励学生发现问题、提出问题、解决问题。在此过程中，教师要注意引导学生进行思考和表达，培养学生的创新精神和实践能力。

（3）总结阶段

学生根据观察记录，完成一篇作品。教师对学生的作品进行点评和指导，帮助学生发现自己的不足之处，提出改进建议。同时，教师也可以将学生的优秀作品进行展示和推广，激发学生的写作兴趣和动力。

（4）反思与改进

本次写作项目取得了一定的成果，但也存在一些问题和不足之处。首先，需要进一步丰富观察对象，提高学生的学习兴趣和动力。其次，需要加强对学生观察方法和表达能力的指导，提高学生的观察能力和表达能力。最后，需要加强与其他学科的融合，实现跨学科的综合学习效果。

本次小学语文写作项目设计通过指导写作实践，观察记录表现，提高了学生的观察能力、思考能力和表达能力，培养了学生的创新精神和实践能力。同时，也为学生提供了一个展示自我、锻炼自我的平台，为今后的学习和生活奠定了坚实的基础。

七、组织成果汇报，促进多方互动

在小学语文写作项目设计中，组织成果汇报是非常重要的一步。通过这一环节，学生可以将自己的作品展示给老师、同学和家长，同时也可以从他们的反馈中获得宝贵的建议和指导。

首先，教师需要提前制定汇报的时间、地点和形式，确保所有学生都能够参与其中。在汇报过程中，学生可以朗读自己的作品，也可以展示自己的手抄报、绘画作品等。同时，教师和其他学生也可以提出自己的建议和意见，帮助学生更好地理解自己的作品，同时也有助于学生之间的互动和交流。其次，为了确保汇报的顺利进行，教师需要提前为学生提供必要的支持和帮助。例如，教师可以为学生提供必要的写作素材和指导，帮助学生更好地完成作品。同时，教师还需要注意汇报的纪律和秩序，确保每个学生都能够得到充分的展示机会。最后，在汇报结束后，教师需要认真听取学生的反馈和建议，及时调整和改进写作项目的设计。教师需要关注学生的兴趣和需求，不断调整和优化写作项目的内容和形式，以满足学生的实际需求。

八、拟写成效评价，激发写作内省

公开展示写作作品之后，基于项目化学习的写作教学已经进入"出项阶段"。此时教师可再加入一个环节，即引导学生对自己的写作过程进行自我评价，其评价的方式可以写一句自我的评语，也可以写下反思日记，也可以根据具体的教学活动而定，这将能更好地激发学生的自省能力，进而培养学生形成自我优化意识。

在小学语文写作项目设计中，拟写成效评价是非常关键的一步。通过这一环节，教师可以及时了解学生的写作水平和进步情况，同时也可以帮助学生更好地认识自己的优点和不足之处。

首先，教师需要认真阅读和分析学生的作品，从主题、结构、语言、情感等方面进行评价。同时，教师还需要关注学生的写作态度和习惯，了解学生在写作过程中存在的问题和困难。在评价过程中，教师需要注重鼓励和表扬学生的优点和进步，同时也需要指出学生的不足之处和需要改进的地方。其次，在评价结束后，教师需要制定相应的改进措施。根据学生的实际情况和需求，教师可以为学生提供有针对性的写作指导和建议。例如，对于写作能力较弱的学生，教师可以为其提供更加详细的写作指导，帮助他们更好地完成作品；对于写作习惯不佳的学生，教师可以为其提供更加规范化的写作要求和指导，帮助他们养成良好的写作习惯。最后，拟写成效评价还可以帮助学生更好地认识自己的写作水平。通过教师的评价和指导，学生可以更加清晰地认识到自己的优点和不足之处，从而更好地调整自己的写作思路和方法。同时，学生也可以从其他同学的写作中获得更多的启示和借鉴，从而不断提高自己的写作水平。

第五章

项目化学习在写作教学中的实施

基于对目前小学写作教学存在的问题和项目设计的原则及方法,笔者尝试探究项目化学习在小学写作教学中的实践应用,重点探讨教学流程、指导策略及评价体系,以期给语文教育者的实践提供理论基础。

第一节 项目化写作教学的流程

夏学梅教授从素养包含的综合性目标出发设计了项目化学习的六个步骤：寻找核心知识、形成驱动性问题、澄清项目高阶认知策略、确定学习实践内容、明确学习成果及公开方式和设计覆盖全程的评价。笔者结合项目化学习的特点及夏教授总结的步骤，尝试建构项目化写作教学的流程，具体如下。

一、入项：情境创设，问题驱动，明确学习方向

在小学语文项目化写作教学中，第一步是"入项"，即引入项目，创设情境，并问题驱动，明确学习方向。在这个阶段，教师需要精心设计适合学生的项目情境，并针对情境提出相关问题，引发学生的思考和兴趣。通过这种方式，学生能够明确学习目标，对即将开展的项目有更清晰的认识。

在小学语文项目化写作教学中，入项是整个流程的起点，也是关键的一步。教师需要创设合适的写作情境，激发学生的写作兴趣，同时通过问题驱动，引导学生明确写作学习方向。

（一）写作情境创设

教师需要根据写作主题，创设符合学生认知特点的习题情境。情境的创设要贴近学生的生活，能够引起学生的共鸣，让他们有话可说。例如，在以环保为主题的写作教学中，教师可以利用多媒体展示环境污染的图片和视频，引导学生思考环保问题，从而激发他们的写作热情。

（二）写作问题驱动

在写作情境创设的基础上，教师需要提出具有探究性的问题，引导学生思考和讨论。问题要具有层次性和开放性，能够引发学生的思考和探究欲望。例如，在环保主题的写作教学中，教师可以提出"你认为造成环境污染的原因

是什么？""你认为应该采取哪些措施解决环保问题？"等问题，引导学生从不同角度思考问题，培养他们的发散性思维。

通过问题驱动，学生能够明确自己的写作方向，知道应该从哪些方面入手，如何组织语言和表达自己的观点。同时，问题也能够激发学生的探究欲望，促使他们更加主动地参与到写作过程中。

（三）明确写作学习方向

在习题情境创设和问题驱动的基础上，教师需要引导学生明确自己的写作学习方向。教师可以提供一些相关的资料和素材，帮助学生更好地理解写作主题，拓展他们的思维空间。同时，教师还需要鼓励学生交流自己的想法和思路，互相学习、互相启发，共同提高写作水平。

二、探项：小组合作探究，搜集整理写作资料，解决写作问题

（一）小组合作探究

在项目化写作教学中，小组合作探究是关键的一步。教师可以将学生分成若干个小组，每个小组的学生共同探讨一个主题，通过讨论、交流、合作等方式，寻找写作素材和灵感。小组合作探究的过程不仅可以提高学生的写作能力，还可以培养学生的团队协作精神和沟通能力。

在小组合作探究的过程中，教师需要给予学生充分的自由，让学生自主选择主题、自主搜集资料、自主讨论和交流。同时，教师也需要给予一定的指导和建议，帮助学生更好地理解主题和资料，以便更好地开展后续的写作工作。

（二）搜集整理写作资料

在小组合作探究之后，学生需要搜集整理写作资料。这包括搜集相关的书籍、报刊、网络资源等，并将这些资料进行分类、整理和筛选，以便在写作过程中使用。这一步是项目化写作教学的重要环节之一，可以帮助学生更好地理解主题，为后续的写作打下坚实的基础。

在搜集整理写作资料的过程中，教师需要给予学生一定的指导和建议，帮助学生更好地选择资料、分类整理和筛选。同时，教师也需要鼓励学生自主思考和探索，让学生自主发现和解决问题。

（三）解决写作问题

在完成前两步之后，学生需要开始写作。在写作过程中，学生可能会遇到各种各样的问题，如语言表达、主题把握、结构安排等。为了解决这些问题，学生需要与教师、同学进行交流和讨论，寻求帮助和支持。同时，教师也需要给予学生一定的指导和建议，帮助学生更好地解决这些问题。

项目化写作教学是一种非常有效的教学方法，可以帮助学生更好地理解主题、搜集整理写作资料、解决写作问题等。通过小组合作探究、搜集整理写作资料和解决写作问题等环节，可以提高学生的写作能力和团队协作精神，为学生的未来发展打下坚实的基础。

三、展项：全班展示写作，分享写作成果，评价与反思

（一）全班展示写作成果

（1）小组展示。每个小组选派一名代表，在全班展示本组的写作成果。展示的内容包括作文的主题、写作思路、关键点分析、亮点展示等。

（2）互动交流。其他学生可以提问，发表自己的看法和建议，展示小组可以做出回应和解释。

（3）点评总结。教师对展示情况进行点评，总结各组的优点和不足，为后续的反思和改进提供参考。

（二）分享写作成果

（1）成果展示。学生将自己的习作打印出来，在班级内进行分享，可以分享给其他同学、老师或家长。

（2）反馈评价。其他同学可以对习作进行评价，提出自己的看法和建议，同时也可以分享自己的习作。

（3）总结归纳。教师对分享情况进行总结，归纳出学生的写作成果和特点，为后续的教学提供参考。

（三）进行评价与反思

（1）学生反思。学生根据展示和分享的情况，对自己的写作进行反思，思考自己的优点和不足，为后续的写作提供参考。

（2）教师点评。教师对学生的反思进行点评，指出学生的优点和不足，提出改进的建议，帮助学生更好地提升写作能力。

（3）小组讨论。小组内部进行讨论，对本次写作过程中的问题进行分析和总结，为后续的写作提供参考。

小学语文项目化写作教学的流程主要包括全班展示写作成果、分享写作成果和进行评价与反思三个环节。通过这些环节，学生可以更好地了解自己的写作情况，发现自己的优点和不足，从而更好地提升自己的写作能力。同时，教师也应该在每个环节中给予学生充分的支持和指导，帮助他们更好地完成写作任务。

四、固项：修改完善习作，总结经验，形成长效机制

在小学语文项目化写作教学中，固项这一环节是非常关键的。学生需要对自己的习作进行反复修改和完善，以提升习作的质量和水平。此外，教师也应该在固项环节中引导学生总结经验，让他们从自己的习作中吸取教训，并总结出有效的写作经验，为后续的写作教学提供参考。

（一）修改完善习作

在修改习作的过程中，学生需要从以下几个方面入手。首先，检查习作中的错别字和标点符号的使用是否正确；其次，检查习作的结构是否合理，逻辑是否清晰；最后，检查习作的内容是否符合题意，是否具有真情实感。通过反复修改，学生可以发现自己的不足之处，并加以改进。

（二）总结经验

在修改习作之后，学生需要认真总结自己的写作经验。他们应该思考自

己在写作过程中遇到的问题和困难，以及如何克服这些问题和困难。同时，学生也应该思考自己的写作成果有哪些优点和不足之处，并思考如何进一步提高自己的写作水平。通过总结经验，学生可以更好地认识自己的写作能力，并为后续的写作教学提供参考。

（三）形成长效机制

为了确保项目化写作教学的效果，教师需要形成长效机制。首先，教师需要制定科学合理的评价标准，对学生的习作进行客观、公正的评价。其次，教师需要定期组织学生进行交流和讨论，让他们分享自己的写作经验和成果，互相学习、互相促进。最后，教师需要不断更新教学内容和方法，以适应学生的需求和发展。通过形成长效机制，教师可以更好地指导学生进行写作训练，提高他们的写作水平。

通过以上四个阶段的流程，小学语文项目化写作教学可以帮助学生更好地理解和掌握写作知识，提高他们的写作能力和兴趣。同时，这种教学方式也有助于培养学生的自主学习能力和团队合作精神。

总之，小学语文项目化写作教学中，教师要注重培养学生的自主学习能力和创新思维能力，通过不断的实践和探索，提高他们的写作水平。同时，教师还需要不断更新教学内容和方法，以适应学生的需求和发展。通过这种教学模式，学生不仅可以提高自己的写作能力，还可以培养自己的团队合作能力和创新精神。

第二节　项目化写作教学的指导策略

学习支架是脚手架，能帮学生穿越最近发展区，达到能力的最高点。它的种类很多，按表现形式分有范例支架、问题支架、图表支架、活动支架等。依据项目化学习在小学写作教学中的教学流程及小学写作教学面临的问题，本节提出一些项目化写作教学中可实施的指导策略，以缓解教学所遇的困境。基于学习支架的概念和作用，本节的指导策略集中于对写作支架的构建。写作支架可以给学生提供问题构建、资料搜集、思路梳理的帮助，进而推进写作项目。本节主要从构建问题支架、搭建范例支架、创建导图支架三方面进行论述。

一、创设项目驱动问题，构建问题支架

在小学语文写作教学中，教师可以通过创设项目驱动问题，引导学生主动思考和探索写作主题，从而激发他们的写作兴趣和动力。教师可以通过问题支架的方式，将写作主题分解为一系列小问题，引导学生逐步思考和解答问题，进而构建起写作的框架。这样，学生在写作过程中就能更有针对性地表达自己的想法和情感，从而写出更真实、更有内涵的文章。

项目化学习中驱动问题的确定要符合阶段写作教学目标。教师根据学生的兴趣和疑问，紧扣语文课程标准与写作教学目标进行项目驱动问题的筛选整合。比如，在部编版五年级上册第二单元《"漫画"老师》这篇习作前，通过学生的预习，教师抛出情境与问题：学校开展学生心中的明星教师比赛，请提名你最喜欢的老师，并为他画一张漫画像、用具有漫画感的语言写一份对该老师的介绍。整理筛选学生所提的问题，确定项目驱动问题，如下表所示。

表 5-1 《"漫画"老师》的问题系统表

驱动问题背景	明确目标:你对《"漫画"老师》最感兴趣的问题是什么
创设项目驱动问题	1. 漫画像的特点是什么 2. 怎么画老师的漫画像 3. 漫画感的语言是怎样的 4. 如何用漫画的语言介绍老师 5. 怎样给老师提名容易被选上 6. 可以从哪些方面写老师的特点 7. 如何让语言突出人物特点 8. 介绍的特点与人物的漫画有什么关系
确定项目驱动问题	讨论确定符合目标的驱动问题是:如何向大家介绍我最喜欢的老师

确定项目驱动问题后,为确保项目探究活动的高质量完成,为学生的写作做好准备,需要对写作资源深入分析、深度挖掘。写作问题的构建能增强学生问题意识,磨炼学生思考力。在构建问题系统时需要注意以下两点。第一,以解决问题为出发点,以学生的写作能力为起点。通过自主预习,产生写作问题,关注问题的质量及驱动性问题的解决。第二,重视构建写作问题这一环节,因为这些写作的问题是学生真实存在的。通常教师只以自己对学生的认知判断进行教学,因而会发生教师遗漏了学生的问题的情况,这样的教学势必效率太低。让学生先接触写作话题,自己思考分析建立初步的问题系统。这样,在后续的学习当中,学生能明确目标,清楚此刻的学习是在解决哪个问题,当所有的问题都一一解决时,也就意味着学生做好了写作的准备。问题系统有不同的形式,如问题集、问题树、思维图等。

问题系统的建构可以是对写作素材、写作格式、写作方法的思考。比如,部编版五年级上册第二单元习作《写读后感》,探究核心问题:如何写下心中之感?根据核心问题衍射自问题,建构写读后感的问题集,如下表所示。

表 5-2 《写读后感》问题集

写作格式是怎样的	读后感可以呈现怎样的写作模版 题目的格式可以如何设计得具有新颖 读后感与作品梗概的区别 怎样的读后感是好的读后感

续表

写作内容如何安排	如何挑选自己所要写的内容 书本中所有人物及事件都要介绍吗 文章的组成部分有哪些 对书本的内容如何做到取舍 如何将书本与自己生活产生联系
写作方法是怎样的	文章采用怎样的表达方式 可以有怎样的修辞手法 如何使读后感的起承转合多样化 开头过渡结尾有哪些特殊的形式句式

二、分解项目写作任务，搭建范例支架

在教学中，范例支架起着将知识转化为能力的重要作用。在项目化写作教学中，教师需要根据驱动性问题分解项目的写作任务，将一个大任务分成诸多个小任务，在小任务中可以为学生提供教材中的范例、教师的范例或是他人作品的范例。

（一）教材范例

小学语文教材中的课文都是经过精心挑选和编辑的，其中有许多优秀的文章和段落。教师可以通过引导学生阅读和分析教材中的范文，帮助他们掌握基本的写作技巧和方法。例如，在分析文章的结构、语言表达、修辞手法等方面，教师可以为学生提供有针对性的指导，帮助他们提高写作水平。

在部编版语文教材中，阅读与写作是相辅相成的，基本上每个单元的阅读能力要求是与写作能力要求相匹配的，单元中的课文是可以为之后的写作服务的，写作单元更是如此。例如，在五年级下册写作单元中，教材编排了《人物描写一组》《刷子李》两篇课文，其课后题均涉及两个关键性问题：第一，从哪些语句中体会到了人物怎样的特点；第二，结合语句分析运用了哪些描写人物的方法，有什么表达效果。这两个作为把握课文阅读目标的关键性问题亦是本单元写作中要把握的关键性问题。可见，教材的课文为写作提供了丰富的

资源，因此，教师应在项目的分解任务中紧密联系课文，从课文中挖掘分析。以部编版五年级下册第五单元的写作《形形色色的人》为例，以"可以运用侧面描写写出人物特点"为驱动性问题，出示《刷子李》一文，聚焦"课文是怎么写出刷子李的特点"这一问题，让学生找到文中体现刷子李特点的句子并分析哪些句子是侧面描写，侧面描写了谁等，在教材的课文中学到写作的方法。

（二）他人范例

教学资源不局限于教材。除教材中的课文之外，还有大量优秀作者的优秀作品对学生的写作具有较好的参考价值，对于这些作品，教师应当细心发现、恰当借用，为学生的写作学习提供有效支架。

教师还可以通过引导学生收集和阅读一些优秀的课外读物，让他们了解更多不同风格和类型的文章，拓展他们的写作视野。同时，教师还可以鼓励学生分享自己的作品，通过展示他们的写作成果，激发学生的写作热情和自信心。

仍以部编版五年级下册第五单元的写作《形形色色的人》为例，以"怎样描写特点是具体的"为驱动性问题，出示教材外的《泥人张》和《金钱的魔力》片段，让学生比较分析。

通过分析两个课外片段运用的人物描写手法和人物特点，学生会发现泥人张靠的是手艺，服装店老板靠的是他的嘴巴，所以在描写人物时，泥人张侧重于描写动作，而服装店老板侧重于语言，表现人物的特点时可以重点抓住某一方面进行描写。可见，他人的范例能让写作教学更加丰富。

（三）教师范例

教师自身也可以为学生提供一些范例，帮助他们学习不同的写作技巧和方法。教师可以根据不同的写作主题和要求，为学生设计不同的写作任务，并在学生完成写作后给予有针对性的反馈和指导。这样，学生能在教师的引导下逐步提高自己的写作水平。

写作虽然以学生为主体，但教师作为教学共同体，其作文可以成为学生写作的模板，引导学生增强审题立意、结构安排、表达技巧和语言运用等方面的意识，帮助学生掌握作文写法。

比如，部编版五年级上册第二单元写作《"漫画"老师》以"怎样让语言具有漫画感"为驱动性问题，出示教师的一个小片段引导学生关注范文中的用词：

老师离开教室的那一瞬间，教室里瞬间炸开了锅，者森恒和孟泉——老师的"心头大患"，又因为鸡毛蒜皮的一点小事儿"开火了"，一时之间教室里"锣鼓喧天""鞭炮齐鸣"，书本化作"枪林弹雨"飞来飞去，场面一度失控。

学生在老师这篇范文中聚焦于"心头大患""开火""锣鼓喧天""鞭炮齐鸣""枪林弹雨"这些词，感受文章用词的幽默，而这些词在片段中都是大词小用，因而增加了语言的情趣，具有了漫画的意味。老师的这篇范文很好地为学生的写作语言运用提供了技巧。

在小学语文写作教学中，教师需要注重培养学生的写作兴趣和自信心。通过创设项目驱动问题、分解项目写作任务、搭建范例支架等方式，帮助学生掌握基本的写作技巧和方法。同时，教师还需要注重激发学生的创造力和想象力，鼓励他们表达自己的想法和情感，从而写出更真实、更有内涵的文章。

三、整合项目写作资源，创建导图支架

思维导图能帮学生捋清思路，完善写作细节的构思，提高学生对写作的兴趣、对写作的内心把握度以及对写作的成就感。在项目开展后，基于前期对驱动性问题的一一解决，学生对写作素材已有所积累，对写作方法也有所领悟，已经获得丰富的写作资源，接下来，教师要引导学生把所学到的资源进行整合，并绘制自己的写作思维导图，整理写作的思路和细节。导图的绘制可以涉及文章的格式、内容以及文章要运用的表达方式等。

例如，部编版五年级上册第二单元写作《写读后感》，学生解决问题集，知道读后感的基本框架、题目的拟写、开头结尾的形式等，可以创建写作导图。

思维导图有多种样式，如树状图、鱼骨图、圆圈图、流程图等，不同的图形侧重于不同的作用。教师要根据写作资源，引导学生选择适合自己理解的形式绘制。怎样的形式不重要，重要的是学生思维的展现。导图也是学生上一个阶段学习效果的体现。

第三节 项目化写作教学的评价

在项目化学习的过程中，有效评价能激发学生的学习热情，帮助学生有效反思，获得写作成就感。同时，评价也可以帮助教师准确把握教学成效，让学生和老师受益。因此，在项目化写作教学课堂中，教师应该同样注重评价的作用，扎实地开展评价，有效落实评价这一重要的教学环节。

一、评价的基本原则

项目化学习要求有全方位的评价体制，运用过程性评价、总结性评价及多元主体参与的评价方法，从而通过评价激励的途径促进学生学习。项目化写作教学评价的基本原则如下。

（一）评价主体的多元性

在传统的写作评价中，教师是唯一的评价者，拥有绝对的权威。然而，随着课程改革的不断深入，这种单一的评价方式已经无法适应新的教学要求。因此，我们应倡导评价主体的多元化，让学生、同伴、家长等参与到评价中来，形成多角度、多方位的评价方式。

首先，学生应成为自我评价的主体。在写作过程中，学生应学会自我反思、自我调整，不断完善自己的写作过程。教师可以通过学生的自我评价，了解学生的写作水平，及时调整教学策略。其次，同伴评价也是评价主体多元化的一种重要方式。学生可以通过相互交流、相互学习，发现彼此在写作中的优点和不足，从而取长补短，共同进步。教师可以通过组织同伴评价活动，了解学生的兴趣爱好、写作风格，为今后的教学提供参考。最后，家长的评价也是不可忽视的一部分。家长可以通过阅读孩子的作文，了解孩子在家庭生活中的表现，从而更好地指导孩子写作。同时，家长的评价也可以增强孩子与家长之间的沟通与交流，促进家庭和谐。

（二）评价方式的多样性

在小学语文教学中，写作教学是非常重要的一部分。对于写作的评价方式，一直以来都是教师们探讨的重要问题。在本文中，我们将探讨四种不同的评价方式，包括自我批改、同伴互改、电子化评价和口头评价。

1. 自我批改

自我批改是一种非常有效的方法，它能够帮助学生发现自己的错误并提高他们的写作技巧。在自我批改的过程中，学生需要仔细阅读自己的作品，找出语法错误、用词不当、结构不合理等问题，并尝试解决这些问题。这种做法不仅可以帮助学生提高写作技能，还可以增强他们的自信心和自我意识。当然，学生应该接受教师的指导，以确保他们能够正确地理解评分标准并给予公正的评分。

2. 同伴互改

同伴互改是一种非常有效的方法，它能够帮助学生从其他同学的作文中学习到新的写作技巧和方法。通过互改作文，学生可以互相学习对方的优点，并尝试在自己的作文中应用这些技巧和方法。此外，同伴互改还可以增强学生的合作精神和竞争意识。

3. 电子化评价

随着科技的发展，电子化评价已经成为一种非常普遍的评价方式。电子化评价可以通过在线平台或应用程序实现，它能够提供详细的反馈和评分，并帮助学生了解自己的优点和缺点。电子化评价可以提供语法、拼写、结构等方面的反馈，并帮助学生改进他们的写作技巧和方法。此外，电子化评价还可以节省教师的时间和精力，使教师能够更加专注于教学工作。

4. 口头评价

口头评价是一种非常有效的方法，它能够帮助学生提高他们的口头表达能力和写作技能。口头评价可以通过面对面的交流或小组讨论实现。在小组讨论中，学生可以分享自己的作品，听取其他同学的意见和建议，并尝试应用这些技巧和方法。口头评价还可以增强学生的自信心和自我意识，并帮助他们更好地理解自己的优点和缺点。

以上四种评价方式都是非常有效的方法，它们能够帮助学生提高他们的写作技能和自信心。在选择评价方式时，教师需要根据学生的具体情况和教学目标决定哪种方式最适合他们。同时，教师还需要给予学生适当的指导和支持，以确保他们能够正确地应用评分标准并获得有益的反馈。最后，教师需要不断地改进和优化评价方式，以提高教学效果和质量。

（三）评价内容的多面性

在新课程改革理念的指导下，小学写作教学已由过去的"一言堂"转向师生互动、生生互动，学生在主动积极的思维和情感活动中感受、体验和表达，因此写作评价的内容也随之呈现出多样性的特点。这主要包括以下几点。

1. 情感的表达

作文这件事，从心理方面看，有两大机能，一为"内部机转"，一为"外部表现"。"内部机转"是指写作的思维过程，而"外部表现"则是把"内部思维"的成果外化成文字。然而学生写出的文章往往比较笼统，缺少真挚的情感，写作前的准备活动常常是短促而仓促的。这就要求教师在学生作文前指导时充分关注学生的情感因素，努力创设情境，激发他们的情感。而在作文批改时更要关注他们的情感体验，关注他们是否敢于表达自己对自然、社会、人生的独特感受，尽量多给予他们肯定和鼓励，使他们不仅敢于写，而且乐于写。同时，还要注重把写作评价与育人结合起来，注重在评价中对学生进行情感熏陶，激励他们求真、向善、爱美，潜移默化中提高学生的人文素养。

2. 选材的新颖性

新课标在"写作评价建议"中强调要重视学生是否有材料意识,是否"乐于运用多种表达方式"。儿童由于年龄的原因,普遍存在留心观察周围事物的意识淡薄,但他们的思维不受任何条条框框的限制,想象丰富、奇特,因此要让他们敞开自己的心灵,把自己独特的感受表达出来。首先,要引导学生做生活中的有心人,及时捕捉新发现;其次,要充分利用多种渠道获取信息,积累素材;再次,在选材上还要注重新颖性。小学生的作文经常出现"老面孔""老题材",这需要教师尊重学生的生活感受,在指导中努力拓展选材的空间。最后,对某些有个性的选材要积极引导,鼓励学生在写作时勇于"别出心裁""标新立异",避免他们在写作时毫无目的地乱写一气。

3. 思维的创新性

作文是思维成果的展示,作文教学要培养学生的创新思维。创新思维是指具有新颖独创解决问题的思维方法。它具有流畅性、变通性和独特性。在作文教学中,一方面,要引导学生不拘泥于传统的定论,让学生张扬个性、放开手脚大胆作文。学生愿意写什么就写什么,想怎么写就怎么写,尽可能少设框框,少写或不写写作要求中的条条框框;另一方面,可以打破传统命题作文的格局,做到"活题""半命题""材料式"作文互相穿插进行,淡化作文的文体、写法以及命题,将其重心转移为话题宽泛的自由文。由于教师的激励和同学们的建议及自我的认识等,一篇篇独具特色的创新之作便应运而生了。作为教师,对待学生作文中流露出来的标新立异的见解,既要注意正确引导也要细心呵护,即使是看似乖张甚至不合理的言行或想法也应该慎重对待,只有这样才会最大限度地发挥学生思维创新的原动力,确保学生在开放自由的写作环境里进行自由式写作,以逐步达到自我表达的训练效果。在这种情形下,学生对写人记事文中一贯以来人物模式的诠释也在悄悄变化着……一改以前或光鲜亮丽或性格柔弱的小主人公形象,开始向多元化方向发展。

4.语言的生动性

语言是思维的物质外壳。作文是语言的集结地。新课标在"写作评价建议"中指出："要重视引导学生在自我修改和相互修改的过程中提高写作能力。"这就告诉我们作文的修改是提高写作质量的重要环节之一。因此，教师要让学生认识到修改的意义，养成修改作文的习惯，具备修改作文的能力。同时，还要注重培养学生修改写作的能力和习惯，把修改作文的权力还给学生，让他们在修改的过程中提高写作能力。此外，教师还要注重培养学生的语言感受能力，提高学生对语言规范和语言运用的敏锐感受力。一旦有了语感，对语言的品析会更加细致、准确、恰当，会更加能够洞察作者的匠心妙意获得美的享受，从而激发他们更强烈的写作欲望，使其更加乐此不疲地反复修改自己的写作直到满意为止。另外，还要注重培养学生运用多种修辞手法润色语言的能力。让他们在写作中恰当地运用比喻、拟人、夸张等修辞手法，使文章的语言生动有趣充满灵气，从而给读者留下深刻印象。

总之，教师在评价学生的作文时，应该努力发现闪光点，及时加以肯定，激发他们写作的兴趣和情感，调动他们的积极性。

二、评价表的制定

以评促学、以评促教，通过评价，不断改进项目化学习在写作教学中的教学实践。评价表影响评价的质量和效果，常见的评价表有自我评价表、学生能力评价表、写作项目评价表、项目成果评价表、项目小组评价表等。对学生来说，一张好的评价表具有明确的评价维度，能给予学生明确的指导，帮助学生肯定自己且反思自己的不足，从而引导学生开展更深层的探索与创造。对教师来说，一张张评价表可以真实反馈出所设计的项目存在的问题，再通过问题的解决优化项目，优化写作教学。笔者根据评价的原则和写作教学的特点设计了4张项目化写作教学的评价表及一张可参照量规。

(一)自评表

表5-3　自评表

项目名称：	学生：	日期：

在写作项目开始前,我知道些什么?
关于话题的内容:
关于写作的知识:
在写作项目中,我打算学什么?
关于写作的方法:
关于能力的发展:
写作项目完成后,我学会了什么?
在这个项目中,我所完成的任务是:
关于写作的知识:
关于小组合作:
关于学习方法:
关于思维能力:
关于表达能力:
我认可自己哪些地方:
我还有哪些不足:

结合以上的分析,请给自己在写作项目中的表现进行点评或打分。

(二)项目成果——写作作品评价表

表5-4　写作作品评价表

作文题目：			学生：		日期：	
目标	要素	学生自评	小组互评	教师评价	家长评价	
语言表达	符合写作目标,达到写作要求 文章中心明确,思想健康 内容与标题相符合,叙述具体 文章段落分明,条理清晰 语句通顺,用词精美					
写作习惯	会用标点,错别字少 书写工整 乐于修改					
总体评价						

（三）项目过程评价表

表5-5　项目过程评价表

项目名称：	学生：	日期：	
目标	学生评价	教师评价	家长评价
项目的目标符合课标			
项目符合写作的目标和要求			
项目具有真实的情境和问题			
项目流程恰当			
项目学习方式多样			
项目以学生为主体			
项目与学生生活实际相联系，学习基于生活			
你对这个写作项目有什么改进的建议			
综合打分/等级			

（四）学生能力评价表

表5-6　学生能力评价表

项目名称：		学生：	日期：		
目标	要素	学生自评	小组互评	老师评价	家长评价
语言表达能力	能够清晰表达并强调主要观点				
	肢体语言体现出自信，具有说服力				
	语言流利，停顿适当				
	运用修辞策略				
合作沟通能力	主动积极参与到小组的项目活动中				
	能倾听他人的观点和意见				
	能对他人的观点给出回应式思考				
获取信息能力	获取信息时能采用多种策略				
	能从多个角度搜集和分析信息				
	在搜集信息过程中能提出有效问题				

（说明：①评价分为"初级""良好""优秀"三个等级。②家长的评价是根据对孩子的观察，不能做出评价的点可以不评。③等级的评价请参考具体的量规。④在实行具体项目时，评价表应具化或做出适当的修改）

（五）对语言表达能力做出具体的量规供参考

表 5-7　语言表达能力量规表

目标	初级	良好	优秀
语言表达能力	・没有组织自己的观点，或者组织得很乱 ・肢体语言表现不自信，整个人在表达时比较僵硬，不具有说服力 ・语言不连贯，有很多不当的停顿 ・没有运用修辞策略	・以富有逻辑的方式组织观点，能流畅地表达观点 ・能在表达观点时配合肢体语言，表达较为自然，具有一定的说服力 ・语言连贯，停顿恰当	・观点组织清晰流畅，让人看不到经过组织的痕迹 ・以非常得体的方式阐述 ・阐述具有创造性

三、小学语文项目化写作教学中评价的应用

（一）过程性评价在小学语文项目化写作教学中的应用

1. 项目过程的检测——自评单

在项目化写作教学中，自评单是用来检测学生在项目过程中的表现和成果的一种工具。学生需要对照教师提供的评价标准，对自己的作品进行评估，包括构思、表达、技巧等方面。通过自评，学生可以更好地理解自己的作品，找出需要改进的地方，同时也可以提高他们的自我反思和自我评价能力。

在应用自评单时，教师需要注意以下几点。

（1）清晰明确地给出评价标准，让学生能够理解并应用到自评中。

（2）给予学生足够的反馈，帮助他们理解自己的优点和不足。

（3）鼓励学生积极参与到自评中，培养他们的自我反思和自我评价能力。

2. 合作学习的监控——协商单

协商单是用来监控在合作学习过程中学生表现的工具。在项目化写作教学中，合作学习是非常重要的一部分，学生需要通过合作完成任务，共同探讨写作主题，分享观点，相互启发。协商单可以帮助学生更好地了解自己在合作学习中的表现，包括与他人的沟通、合作、倾听、表达等方面。

教师需要确保协商单的设计能够真实反映学生的表现，同时也要给予学

生足够的反馈，帮助他们改进自己的表现。此外，教师还需要关注学生在协商过程中的情感态度，鼓励他们积极表达自己的观点，尊重他人的意见，培养他们的合作精神和团队意识。

3.阶段学习成果的总结——分享单

分享单是用来总结阶段学习成果的工具。在项目化写作教学中，学生需要通过完成一系列的任务达到教学目标。分享单可以帮助学生回顾自己的作品，总结他们在写作过程中的收获和不足，同时也可以让教师了解学生的学习情况，为后续的教学提供参考。

教师在设计分享单时需要注意以下几点。

（1）明确教学目标和教学内容，确保分享单能够真实反映学生的学习情况。

（2）给予学生足够的空间表达自己的观点和感受，培养他们的自信心和表达能力。

（3）给予学生足够的反馈，帮助他们改进自己的作品和表现。

过程性评价在小学语文项目化写作教学中具有重要的作用。通过自评单、协商单和分享单等工具的应用，教师可以更好地了解学生的学习情况，及时发现和解决教学中存在的问题，从而促进学生的全面发展。同时，教师也需要不断反思自己的教学方法和策略，以提高教学效果和质量。

（二）终结性评价在小学语文项目化写作教学中的应用

1.提升终结性评价的温度

在小学语文项目化写作教学中，终结性评价不仅是对学生写作成果的评估，更是对学生学习过程和成果的肯定和激励。通过提升终结性评价的温度，可以更好地激发学生的学习兴趣，增强他们的自信心，从而更积极地参与到写作教学中。

首先，终结性评价应以鼓励和肯定为主。教师应充分挖掘学生作品中的闪光点，给予积极的反馈，让学生感受到自己的努力得到了认可。同时，教师还应针对学生在写作中遇到的问题和困难，给予具体的指导和帮助，帮助他们找到解决问题的方法，提高他们的写作能力。其次，终结性评价应注重过程评价。教师可以通过观察学生在写作过程中的表现，如参与度、合作精神、创新思维等，给予相应的评价和反馈。这样的评价方式不仅可以帮助学生更好地认识自己，还可以增强他们的学习动力，提高他们的综合素质。

2. 延展终结性评价的广度

在小学语文项目化写作教学中，延展终结性评价的广度是非常必要的。这不仅包括对学生个体写作能力的评价，还包括对学生合作能力、创新思维、批判性思维等多方面能力的评价。

首先，教师应关注学生的个体差异，根据学生的实际情况进行评价。对于写作能力较弱的学生，教师应给予更多的关注和帮助，鼓励他们积极参与写作活动，提高他们的自信心和写作能力。对于写作能力较强的学生，教师应引导他们拓展思路，提高他们的写作水平。其次，教师还应注重学生合作能力的评价。在项目化写作教学中，学生需要通过合作完成写作任务。教师可以通过观察学生在小组中的表现，如是否积极参与讨论、是否能够倾听他人的意见、是否能够有效地表达自己的观点等，给予相应的评价和反馈。这样的评价方式可以帮助学生更好地认识自己的不足之处，提高他们的合作意识和协作能力。

3. 推进终结性评价的深度

在小学语文项目化写作教学中，推进终结性评价的深度是非常重要的。教师可以通过引导学生深入思考、探究问题、拓展思路等方式，提高学生的思维能力和创新能力。

首先，教师可以通过问题引导的方式，激发学生的思考和探究欲望。教师可以在课堂上提出一些具有启发性的问题，引导学生深入思考和探究。同时，教师还应鼓励学生自主发现问题、提出问题、解决问题，培养学生的独立思考能力和解决问题的能力。其次，教师还可以通过拓展写作任务的方式，提高学生的思维能力和创新能力。教师可以在原有写作任务的基础上，增加一些新的元素或任务，如要求学生对某一话题进行深入的分析、探究或创作。

这样的任务可以激发学生的创新思维和想象力，提高他们的写作水平和综合素质。

终结性评价在小学语文项目化写作教学中具有重要的作用。通过提升终结性评价的温度、延展终结性评价的广度和推进终结性评价的深度，可以更好地激发学生的学习兴趣和积极性，提高学生的写作能力和综合素质。

（三）增值评价在小学语文项目化写作教学中的应用

在小学语文教学中，写作是一项非常重要的技能。然而，传统的写作教学方式往往注重形式和技巧，忽略了学生个性和创造力的培养。项目化写作教学是一种新的教学方式，它通过引导学生进行项目活动，让学生在实践中学习和掌握写作技巧。增值评价作为一种评价方式，能够更好地关注学生的进步和成长，促进学生的全面发展。

1. 尊重学生个性

在项目化写作教学中，每个学生都有自己的兴趣和特长。增值评价应该尊重学生的个性，关注学生的个体差异，让每个学生都能在写作中发挥自己的特长。教师可以通过观察学生的表现和作品，了解每个学生的特点和优势，给予针对性的指导和建议。同时，教师也应该鼓励学生表达自己的观点和情感，让他们在写作中展现自己的个性和创造力。

2. 鼓励学生学习

增值评价注重学生的学习过程和进步，而不是仅仅关注结果。在项目化写作教学中，教师应该关注学生在项目过程中的表现和进步，及时给予肯定和鼓励。同时，教师也应该引导学生发现自己的不足之处，并提供改进的建议和方法。通过这种方式，学生能够更好地认识自己的学习状况，增强学习的信心和动力。

3. 激发学生积极性

增值评价能够激发学生的积极性和主动性，让他们更加热爱写作。首先，教师可以采用多种评价方式，如小组互评、自我评价等，让学生参与评价过程，激发他们的学习兴趣和动力。其次，教师可以利用各种资源，如多媒体、网络等，创造丰富多彩的教学环境，让学生更加投入到项目化写作中。最后，教师可以通过各种奖励机制，如积分、奖状等，激励学生不断进步和努力。

增值评价在小学语文项目化写作教学中具有重要的作用。它能够尊重学生的个性，鼓励学生学习，激发学生的积极性。通过这种方式，学生能够更好地掌握写作技巧，提高自己的语文素养和综合能力。在实际教学中，教师还应该根据学生的实际情况和需求，灵活运用增值评价，不断探索和创新教学方式和方法，提高教学效果和质量。同时，教师还应该注重与其他学科的融合，促进学生的全面发展。例如，在项目化写作教学中，可以与其他学科共同开展实践活动，让学生在实践中学习和掌握写作技巧。此外，教师还应该注重培养学生的创新意识和创新能力，鼓励他们敢于尝试、勇于创新，让他们在写作中展现自己的个性和创造力。

（四）线上评价与线下评价结合在小学语文项目化写作教学中的应用

随着互联网技术的不断发展，线上评价与线下评价相结合的方式逐渐在小学语文项目化写作教学中得到广泛应用。

1. 线上评价的优势

线上评价的优势在于其便捷性和高效性。教师可以通过网络平台，快速收集学生的作文，并进行在线批改和评价。这种方式不仅节省了时间，还能使教师及时了解学生的学习情况，从而更好地指导他们。此外，线上评价还能使学生及时了解自己的不足之处，以便于他们及时改正。

2. 线下评价的重要性

线下评价是在课堂上进行面对面的交流和讨论，教师可以对学生的作文进行深入分析，并给出针对性的建议和指导。这种方式能够增强师生之间的互动和交流，有助于提高学生的写作兴趣和自信心。此外，线下评价还能使学生有机会与其他同学交流，分享彼此的经验和技巧，从而拓展自己的写作思路和方法。

3. 线上评价与线下评价的结合

将线上评价与线下评价相结合，可以更好地发挥两者的优势，提高小学语文项目化写作教学的效果。具体而言，教师可以先通过线上平台收集学生的作文，进行初步的评价和批改。然后在课堂上，教师再针对学生的问题进行深入的讨论和分析，给出针对性的建议和指导。这种方式能够使教师更好地了解学生的学习情况，提供更有针对性的指导，同时也能增强师生之间的互动和交流。

4. 实施方法

为了确保线上评价与线下评价的结合能够顺利实施，教师需要做好以下几点。

（1）建立完善的网络平台。教师需要选择一个适合自己学校和学生的网络平台，确保平台的安全性和稳定性。同时，教师需要制定相应的评价标准和管理制度，确保线上评价的公正性和客观性。

（2）及时批改和反馈。教师需要及时对学生的作文进行批改和反馈，并给出相应的建议和指导。同时，教师还需要及时将批改结果反馈给学生本人，以便于他们及时了解自己的不足之处并加以改正。

（3）组织课堂讨论。教师需要组织课堂讨论，让学生之间进行交流和分享，从而拓展自己的写作思路和方法。同时，教师还需要根据学生的实际情况，给出针对性的建议和指导。

（4）建立有效的激励机制。为了提高学生的学习积极性和主动性，教师需要建立有效的激励机制，如设立优秀作文奖、优秀小组奖等，以激发学生的写作兴趣和自信心。

总之，线上评价与线下评价相结合的方式在小学语文项目化写作教学中具有很大的应用价值。通过这种方式，可以更好地发挥两者的优势，提高教学质量和学生的写作能力。教师在实施过程中需要注意建立完善的网络平台、及时批改和反馈、组织课堂讨论以及建立有效的激励机制等方面的工作。

结束语

在完成本书的写作后，我感到无比的欣慰和满足。这本书是我多年教学实践的结晶，也是我对写作教学的一次深入探索。

在当今的教育环境中，项目化学习已经成为一种重要的教学方法。这种教学方法强调学生的主动性和参与性，鼓励学生通过实际操作和团队协作解决问题，从而更好地理解和掌握知识。在项目化学习的背景下，写作教学也面临着新的挑战和机遇。项目化学习下的写作教学，是一种以项目为载体，以任务为驱动，以实践为手段，以能力为目标的教学方式。它强调学生的主体性，注重学生的实践操作能力，让学生在实践中学习，在实践中成长。

在项目化学习的背景下，写作教学的目标应该更加明确和具体。这些目标应该包括提高学生的写作技巧、培养学生的批判性思维、增强学生的沟通能力和培养学生的创新精神等。在制定教学目标时，教师需要考虑到学生的实际情况和需求，确保教学目标具有可操作性。教师需要与学生共同讨论，确定教学目标，如培养学生的批判性思维、创新性思维、信息整合能力等。同时，教师需要针对不同学生的特点和需求，制定个性化的教学目标，以适应学生的差异性和个性化需求。

在项目化学习中，项目任务是连接学生和教学内容的桥梁。因此，写作教学的项目任务应该与教学目标紧密相关，并具有实际意义和价值。教师需要结合教学目标，设计出具有实际意义和挑战性的项目任务。这些任务应该与学生的实际生活和未来职业发展相关，能够激发学生的学习兴趣和动力。在任务的设计过程中，教师还需要考虑到学生的兴趣爱好和能力水平，确保任务具有层次性和多样性。教师需要与学生共同讨论，制定合理的项目任务，如让学生撰写一份市场调研报告、设计一款产品等。同时，教师需要给予学生足够的支持和指导，帮助学生解决遇到的问题和困难。

在项目化学习中，团队协作是重要的学习方式。通过团队协作，学生可以互相学习、互相帮助、共同进步。在写作教学中，教师可以将学生分成不同的小组，让每个小组负责不同的项目任务。通过小组间的竞争和合作，可以激发学生的学习兴趣和动力，提高学生的写作能力和团队协作能力。在团队协作中，教师需要引导学生建立良好的沟通机制，培养学生的团队合作精神和沟通能力。同时，教师还需要关注学生的参与度，确保每个学生都能够参与到项目中，发挥自己的优势和特长。

在项目化学习中，反馈和评价是重要的环节。教师需要定期对学生的写作成果进行反馈和评价，以便及时发现问题和不足，并给予相应的指导和建议。同时，教师也需要鼓励学生自我评价和互相评价，以便学生更好地了解自己的优点和不足，并从中获得成长和进步。此外，教师还需要鼓励学生进行自我评价和相互评价，培养学生的自我反思和自我管理能力。

在本书的写作过程中，我得到了许多人的帮助和支持。首先，我要感谢我的家人，他们一直以来的理解和支持，让我有足够的时间和精力投入到写作中。同时，我也要感谢我的同事们，他们在我写作过程中给予了许多宝贵的建议和帮助。

本书的完成，不仅是对过去教学实践的总结，也是对未来教学工作的展望。我相信，项目化学习下的写作教学，将会成为一种新的教学理念和方法，为更多的教师和学生提供有益的启示和帮助。然而，写作教学是一个不断发展和完善的过程，需要我们不断探索和实践。在未来的教学中，我将继续关注学生的学习需求和发展趋势，不断调整和优化教学方法和策略。同时，希望更多的教师能够参与到写作教学中，共同推动写作教学的发展和进步。

参考文献

[1] 张陆平. 小学语文"实用性阅读与交流"中项目化学习探究[J]. 小学生（中旬刊），2024（02）：64-66.

[2] 王倩. 项目化学习在小学语文整本书阅读教学中的应用[J]. 教育，2024（03）：114-116.

[3] 林淑珍. 小学语文大单元项目化学习设计与实施[J]. 新校园，2024（01）：62-64.

[4] 储良英. 素养导向下的小学语文项目化学习探索[J]. 教育，2024（02）：70-72.

[5] 葛超怡. 以项目化学习为载体探究小学习作教学之路[J]. 教育，2024（02）：12-14.

[6] 施明英. 学习任务群在小学语文跨学科项目化学习中的策略[J]. 读写算，2024（02）：44-46.

[7] 马海荣. 基于项目化学习的小学语文综合性学习实践研究[J]. 文科爱好者，2023（06）：139-141.

[8] 留慧欣. 基于学习任务群强化小学语文项目化学习的研究[J]. 第二课堂（D），2023（12）：29.

[9] 陈素琼."读思达"教学法在小学语文项目化学习中的有效应用[J]. 新课程导学，2023（36）：59-62.

[10] 李雪娟. 指向核心素养的小学语文古诗教学项目化学习探究[J]. 新智慧，2023（35）：70-72.

[11] 刘兰兰. 基于项目化学习的小学语文写作教学分析[J]. 新智慧，2023（35）：123-125.

[12] 朱红甫. 项目化习作教学的实施策略 [J]. 语文建设，2023（24）：22-26.

[13] 李红燕，尹素娥. 项目化学习在小学语文习作教学中的应用 [J]. 家长，2023（35）：153-155.

[14] 张菊兰. 在小学语文阅读教学中开展项目化学习的策略探究 [J]. 新智慧，2023（34）：122-124.

[15] 陈音竹. 小学语文整本书阅读中项目化学习的应用 [J]. 基础教育研究，2023（21）：54-57.

[16] 陆艳. 项目化学习视域下习作单元整组教学——以语文五年级上册第五单元教学设计为例 [J]. 教育文汇，2023（10）：39-41+45.

[17] 李婷. 以项目化学习促进小学语文整本书阅读素养提升的实践 [J]. 中华活页文选（教师版），2023（14）：22-24.

[18] 齐娟. 新《课标》理念下"语文+"项目化学习培育小学生核心素养的策略研究 [J]. 中华活页文选（教师版），2023（14）：67-69.

[19] 陈晓华. 巧用项目化学习开展小学语文综合性学习的策略探究 [J]. 中华活页文选（教师版），2023（14）：91-93.

[20] 周玉妹. 项目化学习视域下小学语文单元作业设计实践探究 [J]. 教师博览，2023（30）：48-50.

[21] 李海霞. 基于整体单元的小学语文项目化学习研究 [J]. 试题与研究，2023（29）：81-83.

[22] 丁甜甜. 项目化学习在小学语文习作教学中的应用策略探究 [J]. 汉字文化，2023（19）：133-135.

[23] 邱远. 项目化学习视域下小学语文单元作业设计实践 [J]. 家长，2023（28）：147-149.

[24] 周红，周萍. 跨学科项目化学习优化小学语文教学 [J]. 考试周刊，2023（37）：53-56.

[25] 王冬梅. 项目化视域下的小学语文整本书阅读教学实践[J]. 智力，2023（26）：68-71.

[26] 杨静. 项目化学习视域下小学语文单元作业设计实践[J]. 试题与研究，2023（25）：173-175.

[27] 刘瑞雪. 项目化学习下小学语文增值性评价实践研究——以四年级"我的动物朋友"习作项目为例[J]. 文科爱好者，2023（04）：139-141.

[28] 黄博苑. 指向小学语文核心素养的"项目化学习"——以部编版写作课型为例[J]. 汉字文化，2023（16）：115-117.

[29] 孙江涛，王柳童. 小学语文深入践行项目化学习的三个突破策略[J]. 科学咨询（教育科研），2023（08）：200-202.

[30] 吴雪娟. 基于项目化学习的习作教学实践与研究[J]. 上海教育，2023（Z2）：130.

[31] 温蕙如. 基于项目化学习的小学语文习作教学实践研究[D]. 呼和浩特：内蒙古师范大学，2023.

[32] 董安衡. 小学语文高年级项目化学习的教学设计与实施的应用研究[D]. 大理：大理大学，2023.

[33] 赵龙. 项目学习：学生习作表达的新视角[J]. 阅读，2023（39）：16-18.

[34] 孙晓岭. 融"项目化学习"于单元习作教学[J]. 小学生作文辅导(下旬)，2023（04）：12-14.

[35] 马敏. 项目化学习在小学语文习作单元教学中的应用[J]. 小学生作文辅导（下旬），2023（04）：69-71.

[36] 曾月容. 习作单元项目化学习的策略探究——以五年级下册第五单元的教学为例[J]. 小学教学参考，2023（10）：87-89.

[37] 颜琳. 项目学习视域下的"导图式"习作教学模式——以统编小学语文教材四年级上册习作《写观察日记》为例[J]. 江西教育，2023（06）：17-21.

[38] 冯朱敏. 让学习真实发生：项目化习作的策略探索 [J]. 教学月刊小学版（语文），2023（Z1）：65-67+86.

[39] 黑生萍. 项目化学习理念下的习作教学策略研究 [J]. 小学生作文辅导（语文园地），2022（09）：15-17.

[40] 傅学兰. 分析小学语文教材习作单元的项目化学习设计 [J]. 新课程，2022（33）：189-191.

[41] 刘琰. 开展项目化学习，为优化小学语文"苏式课堂"助力——以统编版小学语文六年级下册"家乡的风俗"习作教学为例 [J]. 求知导刊，2022(17)：89-91.

[42] 王颖. 基于项目学习的小学语文习作教学探究 [D]. 沈阳：沈阳师范大学，2022.

[43] 金枝. 项目化学习在小学习作教学中的应用研究 [D]. 杭州：杭州师范大学，2022.

[44] 王芳. 微型铺垫，撬动作文——小学语文"微写作"项目化学习提升习作能力的实践研究 [J]. 新智慧，2021（35）：112-114.

[45] 徐文青. 基于项目化学习借助BYOD提升小学语文习作教学效率的策略探索 [J]. 课外语文，2020（30）：137-138.

[46] 徐薇. 儿童本位：语文项目化学习路径探寻——以"我家的传家宝"项目学习为例 [J]. 教育视界，2020（10）：27-30.

[47] 徐丽新. 基于项目学习的习作教学新路径——以"家乡的美食文化"为例 [J]. 教育研究与评论，2019（05）：33-36.

[48] 储海燕. 以项目学习发掘"习作源"例谈 [J]. 教育，2017（52）：37-38.